CEO
지도자론

CEO 지도자론

한만봉 · 이필호 공저

한국학술정보(주)

이 책은 일반인, 학부모, 대학생 모두가 알아야 할 CEO에 대해서 알기 쉽게 다루었다. CEO라고 하면 정치, 경제, 사회, 기업, 교육에서 지도자 역할을 하는 사람을 가리킨다. 즉 Chief Executive Officer, Chief Operation Officer, Chief Financial Officer, Chief Administrative Officer, Chief Information Officer, Chief Legal Officer, Chief Investment Officer라고 표현할 수 있다. 지도자가 제대로 되어야 조직이 발전할 수 있다. 지도자는 모든 면에 대해서 너그러워야 하며, 전체를 조망하며 볼 줄 아는 선견인이어야 한다. 편협하거나, 아집이 있거나, 고집불통이면 안 된다. 때로는 강하기도 하고, 때로는 부드럽기도 하며, 갈등을 조정할 수 있는 능력을 가져야 한다. 지도자는 정신적인 면에 있어서 문제가 있어서는 안 된다. 강박관념이 있거나, 조울증이 있거나, 심리적 변화가 너무 심해 아랫사람이 보필하기에 힘이 들면 안 된다. 사람들이 따를 수 있는 털털함과 깨끗함, 명쾌함과 현명함, 조직운영 리더십과 사회를 직관할 수 있는 눈을 가진 사람이어야 한다. 그러므로 지도자는 아무나 되는 것이 아니다. 우리 인간은 누구나 지도자가 되어 남을 부리고 싶은 욕망이 있다. 그렇다고 해서 아무나 지도자가 되면 조직이 와해되고, 나라가 망하고, 국가를 팔아먹게 된다. 지도자는 정보에 민감해야 한다. 사회가 돌아가는 것에 우매해서는 안 된다. 그리고 무지해서도 안 된다. 여기에서 무지는 내적인 무지와 외적인 무지를 모두 포함하는 것이다. 내적인 무지는 학문적 지식, 종교적 지식까지 포함하는 내면적인 것이고, 외적인 무지는 인간의 생체를 아는 것과 과학적인 지식을 말한다. 그러므로 지도자는 모두 알아야 한다. 남의 말에 귀를 기울일 수 있는 큰 귀를 가진 사람이어야 한다. 본 책에서는 이러한 CEO에 대해서 알아보고 그 지도력의 발현인 행정을 살펴보도록 하였다. 즉 지도자의 행정, 교육, 경영, 리더십인 것이다. 지도자는 행정과, 경영, 마케팅, 교육을 몰라서는 안 된다. 분석능력은 그 조직을 제대로 파악할 수 있는 중요한 도구가 된다. 지도자는 태어나기도 하지만 대부분 만들어진다. 그의 인격, 지식, 품격 등 모든 것이 훈련과 수행을 통해 만들어진다. 다른 사람을 배려하는 마음과 자기 존중의 마음까지도 만들어지는 것이다. 지도자의 품성이 제대로 되지 않은 사람은 단순히 사람을 이용하려 하고, 자기가 이루어 놓은 것을 놓지 않으려고 발버둥 치며, 음해, 공작, 비방, 흑색선전 등을 하게 된다. 즉 군자의 도리가 아닌 소인배의 삶을 살게 되는 것이다. 이 세상에서 출세하는 사람은 많다. 그러나 역사적 이름을 남기며 크게 출세하는 사람은 적다. 오래 산다고 출세하는 것은 아니다. 100살을 넘게 살았다고 해서 모두 다 위대한 역사적인 주인공이 되는 것은 아니다. 유관순 열사는 16살을 살다갔지만 나이를 떠나 후대에까지 이름을 남기며 위대한 사람으로 칭송을 받는 이유가 바로 여기에 있다. 그것은 정도를 가며, 이 시대에 남을 위해 헌신하며, 객관적인 가치를 추구했

느냐 하는 데 있다. 얇은 지식으로 군림하려는 사람들, 자기 아니면 모든 것이 제대로 안되리라고 생각하는 착각들, 내가 없으면 일이 안돼 하는 자만심, 권력이 낮거나 학벌이 낮은 사람을 무시하는 태도, 나이 많고 늙은 사람들을 천대하는 생각들 이런 것들이 존재하는 한 그는 진정한 지도자가 아니다. 이 세상에는 얼마나 많은 비열한 인간들이 있는지 지금 주위를 둘러보라, 작게는 소그룹에서부터 대그룹까지, 가정에서부터, 사회, 국가에 이르기까지 비열한 사람이 판을 치고, 아부하며 비비는 사람들이 성공하는 것처럼 보이는 이 세태를, 우리는 진정한 지도력과 지도자를 알아야 한다. 정치가, 기업가, 회사원, 권력가, 재력가, 학생, 교수, 등 모두가 비열해지고 있다. 우리는 다시 환원해야 한다. 고구려의 전통을 살리고, 숭고한 고려인의 권위를 되찾아야 한다. 동양전통을 찾고, 세계의 중심이 되어야 한다. 이 책을 통하여 CEO에 대해서 제대로 파악하여 살아 있는 지도자가 되길 바란다. 똑바로 보고 똑바로 살아가는 그런 지도자가 이 책을 통하여 나오길 바란다.

2008년 7월
고려대학교 중앙도서관에서
한만봉·이필호 씀

차 례

I

CEO의 개념 및 의의

1. CEO와 민주주의 개념 및 가치

CEO와 민주주의와의 연관성을 찾는 것은 지도성을 이해하는 데 중요한 주제라고 할 수 있다. 과연 지도자는 민주적이어야 할까? 독재적이어야 할까? 전체주의적이어야 할까? 이 물음에 대한 답은 지금 처해 있는 상황과 여건을 고려하여 대입시켜야 할 것이다. 무조건적인 민주주의를 수용하거나, 공산주의가 좋다거나 전체주의, 사회주의가 좋다는 식으로 접근하면 본질을 외면한 비본질적인 가치에 중요도가 더해지는 것이다. 그러면 민주주의란 무엇일까? 민주주의는 국민 다수의 의사가 정치를 결정하는 것을 이상으로 삼는 사상, 또는 그것을 보장하는 정치제도, 정치운영 방식으로서 우리

문명의 발달과 함께 발전하고 변화해왔다고 볼 수 있겠다. 민주주의는 혼자서 이루어지는 것이 아니다. 상호 관계성에 의해서 이루어진다. 민주주의는 그리스어의 demos(주민)과 kratia(권력)의 두 단어가 결합한 Democratia에서 유래한다. 즉 주민의 권력이라는 것이다. 그러면 현대의 민주주의는 과연 주민의 권력이 제대로 이루어지고 있는가 생각해 봐야 한다.

민주주의의 원형은 고대 그리스 도시국가의 정치에서 찾아볼 수도 있는데, 거기에서는 자유민에 의한 정치참가의 방식이 광범하게 인정되었다. 민주주의의 꽃이라고 할 수 있는 직접민주주의가 탄생한 것이다. 그러나 민주주의적 사상·제도가 정치세계에서 결정적으로 중요한 위치를 차지하게 된 것은 역시 시민계급이 전제적 절대군주정치를 타도하고 근대국가를 형성한 17~18세기 시민혁명 이후의 일이라 하겠다. 이 시기에 국민주권주의, 기본적 인권존중, 법의 지배, 민주적 정치제도 확립 등 민주주의적 사상 및 제도의 원형이 형성되었고, 이러한 민주주의 사고방식을 체계화한 것이 T. 홉스·J. 로크·J.J. 루소 등이며 영국·미국·프랑스 등의 각종 헌법과 선언에 반영되었다. 전통성과 역사성을 가지고 있다는 말이다. 그러면 민주주의는 모든 역사적 상황에서 직접 민주주의를 택하여 왔을까? 이 물음을 짚고 넘어 가야 할 것이다. 하지만 산업발달 이후 민주주의는 간접민주주의를 고수해 왔다. 즉 국민의 대표자를 선출해서 자신들의 의견을 대변해주는 대의민주주의를 채택한 것이다. 대의민주주의가 최선의 선택이었을지는 몰라도 최고의 방안은 될 수 없었다. 소수의 인원이 다수인 국민의 의견을 모두 대변할 수는 없었기 때문이다. 그러나 정보통신 기술의 발달로 등장한 정보화 사회는 새로운 민주주의의 미래를 보여준다. 바로 전자민주주의인 것이다.

정보화 시대 이전에는 사람과 사람 간의 의사소통이 대면적인 관계로 이루어졌지만 정보통신기술이 급속하게 발전하고 있는 현대사회에서는 시간과 공간을 초월하고 많은 사람이 정보를 공유할 수 있는 의사소통구조를 갖게 되었는데 이것이 컴퓨터통신에 의한 전자민주주의라고 인식되고 있다.

즉 정보통신기반의 변화로 인해 기존의 민주주의가 정보화되면서 변화를 겪게 되는데 기존민주주의의 변화된 모습을 전자민주주의로 표현하는 것이다.

기존의 민주주의와 전자민주주의는 뚜렷이 구분되는 것이 아니며 정보화가 계속 진행 중인 것과 같이 전자민주주의도 계속 진행되고 발전하고 있다.

본 책에서는 전자민주주의를 통해 현재 민주주의 문제점을 집어보고 대안을 찾아 발전으로 가는 데 목적이 있다. 지금의 전자 민주주의도 시대가 변함에 따라 모바일 민주주의로 발전할 것이다. 그리고 시간과 공간의 제약을 넘어서서 객관성을 띠게 될 것이며 가치를 부여받게 될 것이다. 이것이 멀티문화 민주주의로 나아가는 것이라고 할 수 있다. 전자민주주의에서 멀티민주주의로, 즉 UCC 민주주의로 발전하며 동영상화될 것이다.

2. 지도자가 알아야 할 멀티문화 민주주의

멀티문화 민주주의는 시민들이 정보통신기반을 이용하여 직접 정부의 의사결정에 참여하고 적극적인 정치활동을 가능하게 하는 보다 직접적이고 참여적인 정보사회의 민주주의를 의미한다. 즉 정보통신의 기반을 이용하여 정치과정에 대한 시민의 참여가 이루어지는 최첨단 정보사회의 민주주의라고 말할 수 있다.

일반적으로 멀티문화 민주주의는 대표자를 통하는 것이 아니라 전자통신기술을 통하여 국민이 직접 자신의 의사를 표현하고 투표할 수 있게 됨으로써 대표(대의)민주주의를 보완 내지 대체할 수 있는 정치참여제도로 이해되고 있다.[1] 멀티민주주의는 장점만 있는 것이 아니라 단점도 존재한다. 그것은 지나친 다양성을 어떻게 수용하며 과부하(트래픽)를 어떻게 해결하는가 문제이다.

1) 직접민주주의로서의 멀티문화 민주주의

멀티문화 민주주의가 대의민주주의를 완전히 대체하는 직접민주주의의 새로운 등장인가, 아니면 대의민주주의를 대체하는 보완체인가 하는 의문이 제기되고 있으나. 이러한 구분은 정보기술의 발달과 시민사회의 성숙으로 해결된다. 정보가 발달하면 할수록 멀티속성이 다원주의화되고, 사이코패스로 진화할 가능성이 있다. 국민이 평범한 것은 식상하고 좀 더 변화, 개혁, 혁신, 특이한 것, 특수

---

1) 김성태,『전자정부론』, 서울: 법문사, 2003 p.77.

한 것을 찾다 보니 본질을 벗어나 비본질로 나아갈 가능성이 있다. 이 문제를 극복하는 것이 우선시되어야 하며 이것이 선행되면 멀티문화 민주주의 정착될 것이다.

(1) 대의민주주의의 보완적 수단

여기에서 멀티문화 민주주의는 멀티민주화라는 개념을 지닌다. 주요정책결정과정에서 최소한의 역할을 하고 있는 국민들의 정치권리를 정보통신기술을 통하여 증진시켜 민주주의를 제고한다는 의미이다. 따라서 직접민주주의라고 보기보다는 대의민주주의를 개선하고자 한다는 의미가 크다고 할 수 있다.

(2) 직접민주주의의 완전실현수단

정보통신기술의 발달을 긍정적으로 보는 학자들이 주장하는 것으로, 첨단 정보통신기술이 대의민주주의를 무용지물로 만들고 멀티민주주의를 통한 직접민주주의를 실현할 것이라고 보는 관점이다. 이것은 긍정적인 측면에서 멀티를 바라보자는 것이다.

세상은 보는 관점에 따라 달라보일 수 있다. 검은 안경을 쓰고 세상을 보면 검게 보이고, 붉은 안경을 쓰고 세상을 보면 모든 세상이 붉게 보인다. 그런데 그 세상이 진실일까? 그렇지 않다. 진실의 세상은 따로 있다. 우리가 색안경을 쓰고 세상을 보거나, 가치관의 고정관념을 가지고 세상을 보면 절대로 진실한 세상은 보지 못한다. 우리는 진실을 찾아야 한다.

여러분의 진실은 어디에 있는가, 왜 그것이 진실하다고 믿는가, 그러면 그건 무엇 때문이라고 생각하는가 등 수없이 질문을 던지고 답을 해야 한다.

(3) 통합적 관점

우선 전자정부 또는 전자 민주주의를 좀 더 진화한 멀티문화 민주주의 또는 멀티문화 정부라는 말로 바꾸어 사용하도록 하겠다. 멀티문화에 대한 이론적 개념이 전무한 상태이기에 본인은 멀티문화라는 독창적인 정부를 주장하고자 한다.

21세기는 문화가 모든 것을 가늠할 수 있다. 스포츠도 문화에 속하며, 예술도 문화, 학문도 문화 안에 포함되어 이루어진다. 그런 가운데서 최첨단 과학의 산물인 멀티가 접목됨으로써 21세기 첨단 학문과 정부가 이룩된다고 생각한다. 멀티는 포괄적인 개념인 동시에 없어서는 안 되는 중요한 테마라고 할 수 있다.

이것을 좀 더 구체적으로 표현하면 모든 것을 상대적인 관점으로 이해하는 것으로, 정보기술의 발전과 도입 수준과 시민사회의 성숙 정도에 따라 멀티민주주의의 기여도는 달라질 수 있다고 보는 관점이다. 통합적인 관점으로 보는 것이다.

2) 멀티문화 민주주의에 대한 제 관점

(1) 긍정적 관점

① 신속한 의사소통: 시공간의 제약 없이 다른 이들과의 정보 및 의견을 실시간으로 교환할 수 있고, 시민들이 정책현안에 대한 신속하고 정확한 이해를 바탕으로 최선을 위한 합리적 선택을 하게 된다[2]는 것이다. 온라인상에서 직접적이고 신속한 처리가 가능하다는 것이다.

② 시민참여의 증대: 지금까지 시민들의 직접참여를 제한해 왔던 시간, 공간 등의 제약이 극복됨으로써 시민참여가 증대된다는 것이다. 또한 이러한 참여증대를 통해서 시민들에게 정보와 다양한 정책대안을 제시함으로써 정치참여 의식도 높일 수 있다고 보는 것이다.

③ 정치참여과정의 직접화: 전자투표, 전자청문회, 전자국회 등의 도입은 정치과정 혹은 정책결정과정에 시민들의 직접적인 참여를 촉진한다. 단점도 있겠지만 장점을 더 개발시키고 활용하면 된다.

④ 정보접근의 용이성 및 선거운동비용의 절감: 인터넷을 통해 매우 값싼 비용으로 정보를 이용할 수 있으며, 획득할 수 있는 정보의 범위도 다양하고 넓다. 정치활동의 비용역시 절감할 수 있다.

---

2) 김성태,『전자정부론』, 서울: 법문사, 2003 pp.80-83.

오늘날 컴퓨터를 매개로 한 통신이 정치적 참여와 홍보, 정치적 집단행동에 있어 들어가는 거래비용(transaction costs)을 획기적으로 절감시키고 있다는 것은 많은 사례를 통해서 알 수 있다.

⑤ 정부의 책임성, 대응성 강화와 정치의 투명성 확보: 유권자가 사이버 공간을 통해 정부 또는 정치인과 접속함으로써 그들의 활동에 대한 감시와 압력을 행사. 정부기관이나 정치인이 인터넷을 통해 국민과 유권자의 요구를 신속하게 직접 들을 수 있어 정부와 정치인의 책임성과 대응성을 높일 수 있고, 또한 정부와 정치인에 대한 정보 공개를 통해서 정치의 투명성 확보도 가능하다. 그러나 긍정적인 측면만 존재하는 것이 아니라 부정적인 측면도 존재한다. 부정적인 측면은 다음과 같다.

(2) 부정적 관점

① 정보의 부정확성 및 과부하: 인터넷에는 수많은 정보가 제공되고 있다. 이러한 정보가 정확한지에 대한 판단, 그리고 정보를 모두 검색하는 것은 사실상 불가능하다 하겠다. 이러한 정보의 과부하, 부정확성 등의 문제는 시민의 정보수용능력을 초과하여 오히려 시민참여를 어렵게 할 수 있다.

② 실질적으로 소수인 참여주체: 전체인구 대비 인터넷 접속 인구는 적다. 이러한 점은 인터넷 이용의 정보부자와 정보빈자의 정

보 불균형을 가져올 수 있다. 해결책은 인터넷이용자의 비약적 확산과 균등한 접속기회제공의 노력 등 보편적 서비스 정책의 강력한 추진으로 극복해 낼 수 있다고 본다(마타이 효과, 그레샴법칙을 생각해 볼 수 있다.).[3] 기존의 많은 양적인 효과보다는 질적인 효과를 기대해야 한다.

③ 대표성의 문제
ㄱ. 다수의 참여가 전체를 대표할 수 있는가의 문제－전자민주주의는 접근의 용이성으로 다수의 참여를 보장하지만, 그 다수가 과연 전체를 대표할 수 있는가의 문제가 있다.
ㄴ. 다양한 계급과 계층적 이해를 어떻게 엄정하게 반영할 것인가의 문제, 소수 세력의 이해를 어떻게 대변할 것인가의 문제－전자투표 역시 투표임을 감안할 때 기존의 대의민주주의하에서의 문제가 마찬가지로 나타날 수 있기 때문이다.
ㄷ. 다수의 참여가 민주주의의 본질적 향상을 가져올 것인가의 문제－적극적이고 실질적인 참여가 아닌 그저 단추누르기식의 참여가 이루어진다면 민주주의 발전에 오히려 악영향을 미치게 된다.

④ 멀티적 무정부주의와 멀티전제주의의 위험성: 일반대중의 사이버 공간에서의 독단적이고 무책임한 발언과 선동으로 다중의 횡포가 존재할 수 있으며, 높은 기술 독재적 대중주의 형태가 출현할 수 있다. 이는 최악의 경우 멀티전제주의(telefascism)[4]를 야기한다.

---

3) 악화가 양화를 구축한다는 법칙.

⑤ 실질적인 참여에 있어 불평등이 발생: 정보의 편중화, 정보소유와 이용능력의 격차 등으로 오히려 실질적인 참여의 기회를 저해할 수 있다. 인터넷이용자5)를 살펴보면 멀티문화민주주의 적용 초기 단계에서 젊은층, 남성 중심의 견해가 정책과정에 실제보다 과도하게 영향을 미칠 수 있음을 나타낸다.

3. 멀티문화 민주주의 유형

1) 정보흐름에 따른 멀티문화 민주주의 모형

(1) 정보제공형 전자민주주의

주로 일방향적 정보전달에 치중한다. 초기의 인터넷 정보전달의 형태이며, 대다수의 정부기관, 정치조직, 비영리조직 등 기성조직 및 단체에서 많이 사용한다.

---

4) 지역공동체와 민중집단을 파괴하고 기술적 능력을 가진 사회적으로 고립된 개개인들에 의해 대중이 새로운 형태의 기술 전제주의 내에 감시당하고 동원되는 상태를 볼 수 있다.
5) 이용자 분포가 주로 20대에 집중되어 있으며, 전문대학 이상의 학력, 남성 위주로 이루어져 있다(한국전산원, 2002).

(2) 의견수렴형 전자민주주의(투표형)

시민의 정치참여방식에서 가장 핵심적인 수단인 투표행위를 온라인화하여 일상적인 정책관련 의사결정에 시민들이 참여하게 하는 방식. 제한된 범위의 쌍방향적 커뮤니케이션 방법을 사용한다.

(3) 정보교환형 전자민주주의(대화형)

이는 토론을 중심으로 해서 여론을 수렴하는 방식이다. 쌍방향 또는 다방향 커뮤니케이션의 활성화를 통해 민주주의를 고양하고자 하는 것이다.[6] 쌍방향이기에 정보교류의 활성화가 될 수 있다.

2) 사이버공간에서 나타날 수 있는 민주주의의 유형화

① 국민투표적 민주주의: 가능한 한 많은 개인들에게 공적인 일에 직접 개입할 기회를 제공하는 민주주의를 말한다. 인터넷과 같은 컴퓨터 네트워크를 활용하여 행정이나 정치에 대한 정보에 쉽게 접근하여 전자여론조사, 원격투표, 재택선거 등을 통해 즉각적이고 직접적으로 정책결정에 참여하여 직접민주주의가 불가능했던 여론과 공공정책 사이의 연계를 강화하는 것을 목표로 하는 민주주의를 말한다.

---

6) 유광수 외 공저, 『정보화 시대의 민주주의』, 서울: 나노미디어, 2002.

② 멀티 민주주의: 이는 직접민주주의의 원형이라고 할 아테네 민주주의의 핵심을 사이버 공간의 특성을 활용하여 민주주의에 접목시키는 방법이다. 즉 사이버 공간의 정치토론은 시민을 참여의 중심에 위치시키는 것이며, 누구나가 자유로운 의제설정과 형성이 가능하다는 점을 활용한다는 것이다. 그러나 현재의 사이버 공간은 객관적이고 이성적이며 합의지향적인 공론장이라 보기에 어렵다는 문제가 있다. 즉 특정이슈에 대한 의제를 설정하고 이를 해결할 대안을 제시하기 위해 시민들 사이에서 벌어지는 토론과정을 의미. 따라서 숙의 민주주의는 이러한 숙의과정을 거침으로써 달성되는 민주주의를 의미한다.

③ 공동체 민주주의: 다수에 의한 소수의 지배과정이 아닌 공공선을 창조하고 유지하는 설득과정을 통해 달성되는 민주주의를 의미하며 이는 공적공간에서의 참여를 중시하므로 가상공동체(동호회)와 관련된다. 소외된 사람들이 공통의 관심사나 정치적 견해를 가진 사람들과의 연대감을 가지면서 가상공동체를 형성하는 것은 대표적인 공동체 민주주의의 모습이라 하겠다. 그러나 이러한 가상공동체의 형성으로 인해 폐쇄적이고 개인화된 의사공동체가 쉽게 형성될 수 있다는 문제점이 있다.

④ 다원적 민주주의: 이해관계가 다른 집단들 간의 자유경쟁원리를 강조한다. 다원적 민주주의의 예는 시민운동의 전자적 확장을 위해 웹사이트를 구축하거나, 정치결사체를 형성하고 서명운동의

집단행동에 컴퓨터를 이용하는 것 등이 있다. 앞으로는 다원주의, 다원화가 화두가 될 것이다. 정당도 다원정당이 생겨날 것이다. 모든 것을 포용하며 섭렵한다는 뜻이다.

3) 참여방식에 따른 유형

(1) 멀티주민투표

멀티투표는 물리적, 시간적, 공간적 제약을 받지 않고 투표할 수 있다는 장점으로 현대인들이 중요한 정책현안의 결정에 있어 정치적 참여를 증대시키고 참여에 있어 시간과 경비를 크게 절감시킬 수 있는 대안으로 부각되고 있다. 전자주민투표의 현실화를 위해서는 몇 가지 극복되어야 할 장애가 있는데, 본인여부를 전자적으로 확인할 수 있는 시스템의 개발, 투표결과에 대한 불신 극복, 대규모 부정선거 가능성의 사전 차단, 신뢰성과 비밀투표의 보장, 멀티투표에 대한 긍정적 사회인식의 극복이 필요하겠다.[7] 디지털에서 시작하여 멀티 동영상으로 진화한 것이다.

(2) 멀티문화 주민회의

전자타운마당 미팅이라고 불리는 이것은 멀티문화 민주주의의 이상을 실현할 수 있는 원형으로 제시되었다. 다시 말하면 당시 로스

---

7) 윤명선·박영철,『전자민주주의와 정치참여』, 서울: 한국공법학회, 2002.

페로는 TV 인터뷰에서 이렇게 주장했다. "나는 매주 국민들과 한 가지 정책 이슈를 놓고 이야기할 수 있는 타운홀(town hall)을 전자 공간상에 만들고 싶다. 우리는 이 자리에서(국회의원 선거구별로 구분될 수 있는) 국민들에게 상세한 정책 브리핑을 하게 될 것이고, 국민들로부터 많은 반응을 얻게 될 것이다. 물론 의회 역시 국민들이 무엇을 원하는지 알게 될 것이다." 초창기 미국 민주주의의 원형으로 커뮤니티 차원에서의 시민참여를 강조한 '타운마당 미팅'의 재등장이다. 멀티타운마당 미팅의 성공적인 사례로써 미국 캘리포니아의 온라인 민주주의[8]가 있다. 웹사이트 내에 주요내용으로 온라인 토론과 쟁점사안에 대한 투표가 이루어져 현실과 똑같은 타운마당 미팅이 이루어지고 있다.

(3) 온라인 공청회

컴퓨터 네트워크 기술은 많은 사람을 한 공간에 모이게 하며, 인터넷, 유즈넷 뉴스그룹, 전자시청회의 등의 기능을 통해서 다수 대 다수 간의 활발한 토론을 가능하게 하여 기존의 공청회가 가진 한계를 극복할 수 있다. 주민참여 밀착형이라고 할 수 있다.

---

8) 샌드 힐 로드 프로젝트(sand hill road project): 스탠포드 대학 주관으로 진행되는 이 프로젝트는 웹사이트를 통해 지역 현안에 대한 주민들의 온라인 토론을 거쳐 버튼 누름식(push-button) 전자투표로 정책을 결정한다.

(4) 전자의정보고

인터넷 홈페이지를 통해 대상 집단에 대해 전자적으로 홍보하는 것을 말한다. 이를 통해서 많은 지지를 얻을 수 있게 하고 또한 국민의 의견을 수렴하여 더 나은 정책안을 제시할 수 있다. 페이퍼 언론에서 쌍방향 언론으로 발전한 것이다.

(5) 인터넷 설문조사

인터넷 접속이 가능한 시민이면 시간이나 장소도 구애받지 않고 설문에 응할 수 있어 주민참여의 폭을 넓힐 수 있다. 또한 설문조사에 소요되는 비용을 크게 줄일 수 있다. 조작 가능하다는 데 문제점을 갖고 있으나 조정하고 수정 가능하다고 본다.

(6) 온라인 전시회

전시회란 도시계획이나 개발과정에서 많이 활용되고 있는 주민참여 방식이다. 도시계획에 대한 여러 사항을 알기 쉽게 간결한 문장, 도표, 지도 등을 이용하여 전시함으로써 주민들의 관심을 불러일으키는 방법이다. 정부에서 여러 정책현안이나 각종 계획에 대한 내용을 웹상에 올려놓으면 시민들은 시간과 장소에 구애받지 않고 쉽게 해당 사이트에 접속하여 이러한 내용을 살펴볼 수 있어 거리, 시간, 공간의 제약을 극복할 수 있다는 장점이 있다. 수익성면에서 효과적일 수 있다. 가시 공간을 활용하여 수익을 얻고, 최소의 비용으로 최대의 효과를 올릴 수 있는 장점을 가지고 있다.

(7) 전자청원

예전의 종이문서 또는 면대면 방식의 청원이 아니라 전자적 형태의 청원이 대두된 것이다. 웹 기반의 도구를 사용하여 개방성, 접근성, 참여라는 세 원칙 지지할 수 있는 정보통신기술을 응용하는 것이다. 개인적 참여방식은 네티즌 및 시민들이 능동적·적극적으로 정치이슈에 참여하는 것으로 적극적인 현실참여를 이끌어 내는 바탕이 된다. 정보통신기술의 발전으로 지리적·시간적 제약을 벗어나 개인이 알고 싶거나 주장하고 싶은 내용에 대하여 자유롭게 e-mail을 통해서 문의하고 의견을 제안할 수 있다.

집단적 참여방식은 크게 온라인 사이버 폴과 전자투표로 나누어진다. 사이버 폴이나 전자투표는 특정 이슈에 대한 네티즌의 성향을 알아보기 위한 것으로 여기에는 소극적인 동참, 적극적인 참여, 폭력적 참여 등의 방법이 나타난다.

지속적 참여방식은 대표적으로 온라인 동호회를 들 수 있다. 온라인 동호회는 개인의 정체성과 관련되어 자신의 관심영역에 대한 응집이므로 개인의 적극적인 참여가 나타난다. 대표적인 것으로 붉은 악마 사이트를 들 수 있는데, 자그마한 인터넷 모임에서 출발하여 전 국민적 참여와 홍보를 이끌어내었고 또한 오프라인의 직접 만남으로 이어지면서 대표적인 한국의 이미지로까지 이어졌다. 해

킹의 위험과 이익집단 간의 정보수집을 고려해 볼 수 있다. 보이스
피싱을 막을 대안만 제대로 만들어지면 효과를 많이 볼 수 있다.

4. 전자민주주의 사례

사례를 선정함에 있어서 전자민주주의가 크게 선거부문과 일반부
문(정부+민간)으로 구분할 수 있다고 생각하여 사례를 선거부문과
일반부문으로 나누어서 선정하여 보면 다음과 같다.

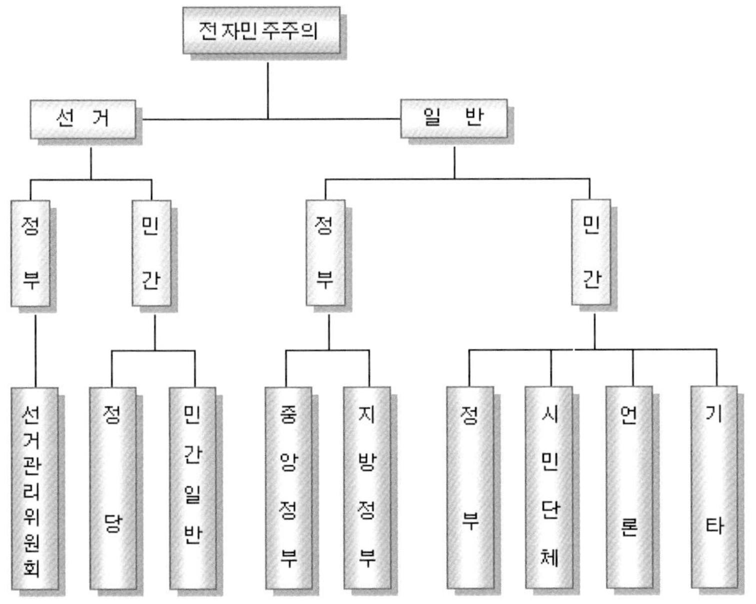

(전자민주주의 구분표)

1) 선거부문 사례

① 제시 벤추라

미국에서 인터넷을 이용한 선거운동은 점차 보편화되어 가고 있다. 학자들은 1996년 대통령선거에서부터 인터넷이 본격적으로 이용되었고 많은 역할을 했다고 인정한다. 최근의 월드와이드 웹의 상업성과 대중성 그리고 보급성을 감안해볼 때 인터넷이야말로 수백만 명의 유권자들을 대상으로 정치적 메시지를 보낼 수 있는 저렴한 도구이다.

이러한 현상은 인터넷이 정치선거에 이용되기 이전에 만들어졌던 선거와 관련된 선거자금법의 근거를 무색하게 하고 있으며, 정치선거자금법 개정을 촉발시킨 계기가 되었다. 일부에서는, 미국 정치선거에서 인터넷 역할의 중요성을 인식하면서도, 정치선거자금법이 개정되면 정치인들의 선거 '수입'이 줄어들 수 있다는 생각으로 의도적으로 이를 간과하고 있음을 지적하기도 한다.

근래 미국의 선거사상 인터넷을 가장 적절하게 이용하여 선거에 승리한 정치인은 미네소타주 주지사 선거에서 승리한 프로레슬링 선수 출신의 제시 벤추라(Jesse Ventura)이다. 그는 미네소타 주지사 선거에서, 유권자들과의 접촉을 위해 경제적으로 저렴한 비용이 드는 인터넷을 집중적으로 이용하여 새로운 유권자층과 접촉하려 했다. 그는 인터넷을 이용한 선거활동 비용이 600달러밖에 들지 않았지만, 이와 같은 인터넷 선거활동을 통해 상당히 많은 선거자금을 기부받을 수 있었다. 또한 인터넷을 이용하여 그의 선거조직을 구성하고 그를 지지하는 사람들을 조직적으로 관리할 수 있었다. 따라서 선거 전날까지의 여론조사 결과로도 벤추라는 3위를 달리고 있었으므로 누구든 그가 당선되리라고는 예상하지 않았지만, 벤추라는 결국 당선되고 말았다.

결론적으로, 제시 벤추라의 당선은 인터넷 선거운동이 절대적인 영향을 미쳤으며 인터넷을 이용한 선거운동에 성공한 정치인은 계속 늘어가고 있다.

제3당의 후보들은 전통적으로 막대한 재정 지원이 없다면 당선될 가능성이 매우 낮았다. 입법자들은 자신이 속한 정당이 재선에 필요한 자금의 메커니즘들을 가지고 있기 때문에 선거자금 관련 법률을 개혁할 생각이 없어 보인다. 따라서 기존 정당이 영원이 권력을 유지할 수 있도록 했다. 민주주의는 지속적으로 타락한다. 오늘날 민주주의 사회는 극단주의 정당, 낮은 투표율, 선거운동에 대한 부정적 인식, 부정부패, 섹스 스캔들, 그리고 젊은이들 사이에 퍼지는 정치와 정부에 대한 환멸 등의 특징을 가지고 있다. 능력 있는 사람들은 비난받고 싶지 않기 때문에 정치에 입문하기를 꺼려한다. 점차적으로 공공의 이익보다는 자신의 편협한 이해에 따르면서도 민주주의 대의정치의 기본적인 책무를 수행한다고 주장하는 무골 정치인이 이 사회에 남게 되는 것이다.

제시 벤추라와 다수의 정치인들이 증명하였듯이, 인터넷은 현실에 안주하여 진부해져 버린 정치의 틀을 깨뜨리는 데 도움이 된다. 1998년 미국의 총선에서 미네소타가 가장 높은 투표율을 보인 것은 우연이 아니다. 웹은 정치라는 게임의 법칙에 새롭고 생소한 규칙을 가져왔다. 웹은 후보자가 기존 정당조직의 지원을 통해서만 가능했던 선거자금 모음, 자원봉사자 모집, 선거조직 구성, 유권자 접촉 등을 가능하게 함으로써 선거비용도 낮추고 선거운동이 훨씬 더 민주적인 방식으로 이루어지게 한다. 지금은 인터넷에 연결될 수 있는 컴퓨터 한 대만 있으면 모두가 자신을 대통령 선거 후보자처럼 보이도록 할 수 있기 때문이다.

② 인터넷을 활용한 선거운동

96년 미국 대선에서 컴퓨터통신의 위력이 발휘된 것이 전세계적으로 보도되면서 97년 영국 총선에서도 각 정당들은 컴퓨터통신, 특히 인터넷을 적극적으로 활용하였다. 특히 총선에서 승리한 노동당은 미래지향적인 이미지를 인터넷 홈페이지에 부각시키려고 화려한 그래픽과 색상을 사용하였다. 그리고 '모든 길은 노동당으로 통한다'라는 형태의 디자인을 활용하였다. 노동당은 젊은 층, 특히 총선에서 처음 투표권을 행사하는 젊은 유권자를 집중적으로 공략하였다. "왜 투표를 해야 하나, 어떻게 투표를 해야 하나, 그리고 왜 노동당을 선택해야 하나" 등의 메시지를 전달하는 데 주력했다. 그러나 각 정당의 인터넷 홈페이지는 유권자가 원하는 자료가 많이 축적된 상태는 아니었다고 평가받고 있다. 총선기간 동안 온라인상에서 후보들과 실시간으로 토론하는 행사도 많은 인기를 끌었다. 97년 영국에서는 250만 가구가 온라인상에 연결되어 있었기 때문에 인터넷은 정치광고와 같은 기존의 선거방식에 보완역할을 할 뿐이었다. 그러나 정치 광고를 통해 유권자가 전자우편을 보낼 수는 없고 예를 들어 교통정책에 대해 세부사항을 요청할 수도 없는 반면 인터넷에서는 이러한 모든 것이 가능하므로 97년 총선에서 정치인과 국민 간의 거리를 좁히는 데 기여하였다. 2009~3000년까지는 많은 기술이 발달하여 더 많은 선거 방법으로 진화 발전할 것이다.

 96년 미국 총선이 치러진 당일 저녁에 미국의 국민들은 각종 선거관련 인터넷 홈페이지에서 실시간으로 총선 결과를 지켜보고 있었다. 미국의 총선은 대통령, 국회의원, 주지사, 주의원 등 선출직 공직자를 동시에 결정하는 종합 선거이므로 각 국민은 대통령 선거 결과 외에 자기 지역의 국회의원, 주지사, 주의원 등의 개표결과를 관심 있게 지켜본다. 이때 인터넷 홈페이지는 TV, 라디오와 같은 방송매체에 비해 월등히 용이하다. 자신의 관심 개표결과에 선별적으로 접근하여 볼 수 있기 때문이다. 총선 당일 저녁에는 개표결과를 인터넷으로 서비스하는 홈페이지에 접속건수가 폭발적으로 증가하였다. 개표결과를 서비스하는 인터넷 홈페이지도 수백 개에 이르렀다. 언론기관이 CNN도 개표결과 서비스를 제공하였는데 접속하는 이용자수가 많아 접속이 느려지거나 안 되는 경우가 발생하기도 하였다. CNN 홈페이지의 접속건수 기록을 세우기도 한 이날은 시간당 약 500만 건의 접속수를 기록하였다. 선거결과에 대해 토론하는 국민들로 붐빈 온라인 대화방도 상당수가 개설되었다. 컴퓨터통신을 통한 선거운동과 개표정보의 제공 외에 컴퓨터통신을 통해 선거과정의 투명성을 확보하는 노력이 미국에서는 활발하게 이루어지고 있다. 미 캘리포니아 주 피트 윌슨 주지사는 97년 10월 모든 선거 후보들이 정치헌금을 주 선거관련 인터넷 사이트에 공개하는 것을 의무화하는 온라인공개법에 서명했다. 이 법안은 캘리포니아 주 상원에서 31대 2로, 주 하원에서는 73대 3이란 압도적인 지지하에 통과되었다. 이 법안은 후보들이 각종 기업이나 단체, 개인으로부터 받은 각종 정치자금 중 5만 달러 이상은 기부를 받는 즉시 인터넷 상에 공개하는 것을 의무화하고 있다. 이에 따라 캘리포니아 주민들은 98년 선거에서부터 우선 주지사와 검찰총장 등 주 정부직 후보들에 대한 정치헌금 내역을, 2000년부터는 캘리포니아 내 모든 선거 후보들의 정치자금을 인터넷에서 검색할 수 있게 됐다. 주민들은 키워드를 이용해 후보별·기부자별·액수별 등 각종 기준에 따라 정치자금을 검색할 수 있다. 캘리포니아 주에서는 정치헌금을 공개토록 규정하고는 있었지만 통상 선거 이전까지 후보별 정치헌금 내역의 25% 정도만 새크라멘토 소재 주청사에 문서로 도착해 공개되고 있어 언론기관에 부분적으로만 보도돼 왔다. 뉴욕타임스는 현재 미국에서 후보들의 정치자금을 전산자료로 공개하도록 규정하고 있는 주는 뉴욕·미시간 등 10여 개에 이르고 있으나 대부분 자발 공개 원칙이어서 의무규정을 담고 있는 이번 법안은 정치자금의 투명성을 발전시킨 것이라고 평가했다. 여러 국가에서는 민간단체에서 인터넷을 이용한 민간선거감시활동이 선보이고 있다. 이미 미국, 프랑스, 대만 등에서는 인터넷에 선거감시 홈페이지가 개설되어 탈법 선거 행태를 수집하고 있다. 코스타리카는 98년 2월 총선에서 투표용지를 사용한 투표에 곁들여 세계 최초로 인터넷을 이용한 투표를 시범실시하였다. 인터넷 선거가 성공적으로 판명되면 2010년 투표용지를 아예 없애고 완전한 인터넷선거를 실시할 예정이다. 유권자들은 인터넷 접속이 가능한 집 근처 학교나 공공시설에서 투표하게 되며 결과는 중앙컴퓨터에서 즉시 집계된다. 미국 빌리노바 대학 관계자들이 현지에 파견되어 인터넷 선거 운영을 돕게 된다. 코스타리카가 인터넷선거를 도입한 것은 저조한 투표율 때문이다.

코스타리카 유권자들은 만 18세에 투표권 등록을 하는데 거주지가 바뀌어도 18세 때 등록한 고향선거구에서 투표하기를 원해 고향을 떠난 사람들이 투표를 포기하는 경우가 많다. 이 때문에 정부는 선거 때마다 직접 버스를 동원해 유권자들을 고향까지 실어 나르거나 격려금을 지급하는 등 투표율 향상을 위해 엄청난 비용을 써왔다. 인터넷선거가 성공하면 이 같은 문제들은 단번에 해결될 전망이며 2010년 선거는 전적으로 인터넷에서 치러질 전망이다.

직접민주주의를 가장 광범위하게 실현하고 있는 스위스도 인터넷을 이용한 전자투표를 도입하는 것을 96년에 논의한 바 있다. 그러나 스위스 연방정부는 인터넷 투표는 투표권의 남용과 이에 따른 조작의 우려가 높다는 이유를 들어 당장 도입하는 데는 무리가 따른다며 난색을 표명했다. 인터넷 투표는 비밀투표의 보장과 투표인의 신원확인에 문제가 있는데다 투표행위의 진위도 가리기 힘들다는 것이다. 또 컴퓨터를 통한 정보전달 과정에서 투표내용이 조작될 위험이 있으며 전산망이 과부하가 될 경우 투표에 차질을 빚을 수 있다는 점도 문제로 지적했다.

③ 우리나라의 선거사례: 16, 17대 국회의원 낙천, 낙선운동
낙선운동: 몇 년간 국내에서 가장 성공적인 캠페인 사례라면 역시

지난 제16대 총선에서 나타난 총선연대 등 시민단체들의 낙천·낙선 운동을 꼽을 수 있을 것이다. 낙천·낙선 운동 그만큼 빠른 속도로 확산되면서 폭발적인 반응을 불러 일으켰던 데에는 역시 인터넷의 공로를 무시할 수 없다. 전국에 분산되어 있던 473개 시민단체가 인터넷을 통해 '총선연대' 홈페이지로 결집됨으로써 효과적인 캠페인을 전개할 수 있었으며, 다른 시민단체들과의 조직적인 연계활동을 가능케 한 것도 인터넷이었다. 뿐만 아니라 3개월에 걸친 낙천·낙선 운동 기간 동안 91만여 명이 사이트를 방문하고 1만 5천여 건의 글이 게시되는 등 국민적 호응을 가시적으로 보여준 곳도 다름 아닌 인터넷이었다. 그리고 그 결과는 '총선연대'가 낙선운동 대상으로 지목한 후보 86명 중 59명을 낙선시키는 성과로 나타났다.

이와 같은 사례들은 앞서 살펴본 전자민주주의의 모델 중 정보제공형 모델과 전자투표형 모델을 현실선거에 적용한 예라 할 수 있다. 사례와 함께 언급한 성과 및 한계와 더불어 정보제공형 모델과 전자투표형 모델이 가지는 장·단점 또한 그대로 적용된다. 특히 선거부문인 만큼 전자민주주의에 기대하는 대의민주주의를 뛰어넘는 내용을 담보하기는 어려운 점이 그 자체가 가지는 가장 큰 한계일 것이다.

2) 정부부문 사례

① 영국 중앙정부의 의견수렴 시범사업
정보공개 정책을 중심으로9) 영국에서는 97년 12월 중앙정부에서

는 처음으로 인터넷을 통해 중앙정부에서 추진 중인 정책에 대해 국민의 의견을 직접 수렴하는 사업을 추진하기도 했다. 이 사업은 총무처의 후원하에 영국의 민간 전자민주주의 기관인 UK Online Democracy에서 주관하였다. 대상정책으로는 정보공개 정책을 택하였다. 정보공개 정책백서가 97년 12월 11일에 발표되었고 관련 법안발표와 정책백서에 대한 의견수렴이 되었었다.

"당신의 의견을 개진하십시오"라는 제목의 인터넷 홈페이지가 구축되었으며 본 홈페이지에는 배경정보, 토론, 언론사의 사설과 총무처 장관에게 직접 질문할 수 있는 코너로 마련되어 있었다. 사업은 법안이 의회에 상정되기 전에 국민으로부터 의견을 직접 수렴하는 첫 사례로 평가된다. 본 사업이 성공할 경우 향후 타 입법 과정에 유사한 의견수렴 체제가 구축·운영될 것으로 관계자들은 전망하였었다. 또한, 전자민주주의에 대한 논의는 많았으나 실제 실현된 사례가 거의 없다는 점에서 사업의 큰 의미를 가지고 있었다.

② 뉴질랜드 시청

뉴질랜드의 웰링턴 시청은 지방자치단체가 전자민주주의를 실현하는 대표적인 사례이다. 뉴질랜드는 정부혁신의 성공을 거둔 나라로서 평가되고 있으며 정보통신기반을 활용하여 전자민주주의를 실현하는 것도 이러한 정부혁신 노력과 무관하지 않았다.

제공하고 있는 서비스로는 우선 시청업무와 관련한 다양한 정보를 들 수 있다. 웰링턴 시청에서는 시민들을 위해 다양한 정보를

---

9) http://foi.democracy.org.uk/

제공하고 있으나 정책관련 정보로는 시청에서 운영하는 각종 위원회의 회의일정 및 회의록 정보를 들 수 있다. 회의 일정 및 회의록 정보는 적시에 제공되고 있어 회의에 참여하고자 하는 시민들이 회의 일정을 참고하여 자신의 일정을 계획할 수 있게 하고 있고 바빠서 회의에 참여하지 못한 시민들은 회의 결과를 인터넷을 통해 접할 수 있게 하였다.

그리고 웰링턴 시청에서는 시민들이 시청의 정책에 대해 다양한 의견을 개진할 수 있도록 시민협의 과정을 컴퓨터통신을 통해 수행하고 있다. 구체적인 정책안이 작성되면 컴퓨터통신상에 제공되어 시민들의 의견을 접수하고 있다.

구체적인 정책안은 의견수렴 기간이 명시된 상태에서 목록이 제공되어 시민들이 현재 어떤 정책안들이 의견수렴을 하고 있는지 쉽게 파악할 수 있었다. 각 정책안 내용으로 들어가면 배경정보, 정책목표, 정책추진주체, 일정, 시민들의 참여방법, 의견수렴란 등 정책안에 관련된 사항들이 나열되어 있다. 현재 의견수렴 중인 정책안 목록이 제시된 인터넷 홈페이지에는 시행 중인 정책과 의견수렴 기간이 종료된 정책안 관련 정보도 함께 제공되고 있다.

3) 민간부문 사례

① 미국 미네소타 전자민주주의 사업

미국의 대표적 민간주도 전자민주주의 사업으로 꼽히는 미네소타 전자민주주의 사업에서는 미네소타 지역문제를 주요 토론 의제로 다루고 있으며, 인터넷 웹과 전자우편그룹을 통하여 지방자치 관련 정보를 제공하고 전자게시판을 운영하여 주민 간 토론을 유도하고 있다.

② 캐나다 토론토 전자민주주의 사업

토론토 지역문제를 주요 토론 의제로 다루고 있으며 인터넷 웹 및 전자우편그룹을 통하여 지방자치 관련 정보를 제공하고 전자게시판을 운영하여 주민 간 토론을 유도하고 있다. 인터넷 웹 사이트에서 제공하는 주요 서비스로는 새소식, 법령 정보 및 관련 기사, 법령 관련 행사, C4LD 소식지, 관련 사이트 목록, 토론참여장, 지방자치단체 연락처 등이 있다.

③ 영국 시민 온라인 민주주의 사업[10]

UK Citizens Online Democracy로 불리는 사업이 영국의 대표적 전자민주주의 사업이다. 민간주도의 인터넷 전자민주주의 사업이며 위에서 언급한 미국과 캐나다의 사업과는 달리 주로 국가차원의 정책문제를 토론의제로 채택하고 있다. 인터넷 웹과 전자우편그룹을 활용하고 있으며 웹 사이트에서는 토론되는 주제별로 개요, 관련자료, 국민토론장, 참여정치인 의견장 등을 마련하여 서비스를 제공하고 있다.

④ 일본의 간사이 전자공화국

일본 간사이 관서지방에서는 컴퓨터 동호인들이 뜻을 모아 가상

---

10) http://www.democracy.org.uk/

국가를 건립했다. 그동안 헌법제정과 대통령 선출 등을 통해 국가로서의 모습을 갖춰가고 있다. 화면상이기는 하지만 수도인 헤이세이쿄(평성경)거리에는 관청과 대학들이 빽빽이 들어섰으며, 주민으로 등록된 사람들에게는 '내집'이 공급됐다. 당초 80명으로 출발했던 간사이공화국 인구는 1년 만에 1천여 명으로 늘어났다. 대학교수, 공인회계사, 국회의원, 연예인, 샐러리맨 등 주민들의 직업도 다양하다. 물론 간사이지방 사람들만 국민자격이 있는 것이 아니라 멀리 벨기에 네덜란드 등 해외거주 국민도 꾸준히 늘고 있다.

이 공화국 주민들은 전자게시판을 이용해 언제든지 자신의 의견을 개진할 수 있다. 인터넷을 통해 공화국 사이트에 접근하는 횟수가 하루 평균 1500건에 달할 정도로 관심이 높다. 직접민주제를 표방하는 이 공화국은 96년 7월 인터넷을 통한 전자투표를 실시, 여류작가인 나카시마 라모를 초대대통령에 선출됐었다. 부통령에는 변호사 기무라 데쓰야를 비롯, 3명이 뽑혔다.

가상공화국이지만 주민들의 활동영역은 가상공간에 머물지 않는다. 인터넷이 아닌 실제공간에서 초심자와 여성들을 위한 인터넷 강좌가 열리기도 하고, 주민대표들이 매주 얼굴을 맞대고 앉아 국정을 논의하는 회의를 갖기도 한다. 이 공화국은 간사이 문화학술연구도시의 기술지원을 받고 있으나 운영은 어디까지나 자원봉사가 기본이다. 공화국정부는 앞으로 주민들로부터 받은 영상을 인터넷을 통해 송출하는 디지털방송국과 전자우체국을 개설하는 등 서비스를 확대할 계획이다. 딧세와 막카를 단위로 하는 독자 통화의 도입도 되어 있다.

⑤ 서울의 주민참가에 의한 정책결정

IT의 발달과 인터넷 보급이 보편화되면서 정부정책이나 행정행위에 대한 Public Comment제도가 정착되고 있다. 중앙정부나 지방자치단체의 홈페이지를 보면 Public Comment코너가 설치되었고 다양한 의견이나 정책들이 제기되고 있다. 동시에 주민들이 직접 홈페이지에 접속하여 다양한 요구사항이나 정책을 제언하고 이것이 구체적인 정책으로 전환되는 것은 쉽게 발견할 수 있다. 결국 인터넷의 보급은 정부나 지방자치단체의 정책결정과정에 직접 참여하는 기회를 증가시키게 되었다. 실제로 정부나 지방자치단체도 홈페이지나 e-mail을 이용하여 주민의 의견을 직접적으로 수렴하여 정책을 결정하는 경우가 많아지고 있다.

서울시 자치구인 강남구는 구홈페이지에 '사이버주민자치'코너를 설치하여 주민의 직접참가에 의한 전자민주주의를 실현하기 위하여 노력하고 있다. 강남구가 실시하는 전자민주주의 시도는 정책제안·정책토론, 실시간 주민회의, 인터넷 주민투표, e-mail투표 등이다.

우선, 정책제안·정책토론은 주민이 직접 구정에 관련된 정책을 제안하면 이것을 둘러싸고 주민들 간에 정책토론이 진행된다. 정책토론의 결과는 모두 공개되는 것이 원칙이며 주민다수가 찬성하는 정책은 구정에 구체적인 정책으로 반영된다.

실시간 주민회의는 주민과 구청의 업무담당자가 인터넷을 통하여 구의 행정과 생활관련 업무에 대하여 직접의견을 교환하는 장이다. 주민과의 실시간 주민회의는 구홈페이지에 주민이 직접 신청하면 구청 담당자가 대응하는 형식으로 이루어진다. 여기에서 논의되는 내용도 전부 공개된다.

또한 강남구는 인터넷 주민투표를 실시하고 e-mail을 통하여 투표 내지는 주민 의견수렴을 실시하고 있다. 이것은 구정의 중요한 정책을 주민의 직접참가나 의견수렴을 통해서 결정하려는 시도이다. 특히, e-mail을 통한 투표 내지 주민 의견수렴은 구청의 홈페이지에서 회원가입을 하면, e-mail 주소를 발급해 주고 이들을 대상으로 실시된다. 물론 홈페이지에서 e-mail투표를 희망하면 누구나 가능하다.

실제로 인터넷이나 e-mail을 통하여 다양한 안건을 결정하고 있다. 예를 들면, 추경예산을 편성할 때, 아웃소싱사업의 우선순위 결정, 행정정보화 사업의 우선 순위결정, 그리고 강남구가 추진하는 사회복지사업 중에서 중점적으로 추진해야 할 사업내용의 결정 등이다.

이러한 IT를 이용한 주민의 직접참여에 의한 정책결정은 행정과정의 투명성을 확보하여 행정조직에 대한 불신감을 없애고 정당성을 부여하는 새로운 계기가 될 것이다. 결국 행정과정과 정치과정에 IT의 적극적인 도입과 활용은 시민에게 보다 편리하고 다양한 서비스를 제공한다는 의미 이상으로 정책결정과정에 IT를 활용하게 됨으로써 직접 민주주의적 요소가 강화되어 전자민주주의의 실현에 크게 기여하게 될 것이다. 현재 급속도로 발전하고 있는 고도정보통신기술은 시민들의 생활을 보다 편리하게 만들고 다양한 서비스를 제공하는 데 기여하고 있다. 하지만 IT가 정치체제나 민주주의에 더욱더 크게 기여할 수 있는 가능성은 항상 열려져 있다. 이러한 가능성은 IT를 활용한 전자투표나 전자민주주의의 실현에서 볼 수 있는 것과 같이 정치체제의 효율성과 정당성을 증대시키고 이를 통하여 민주주의를 더욱더 발전·확대시켜 나가는 데 달려 있을 것이다.

4) 서울시 OPEN 시스템

서울시의 민원처리온라인시스템(이하 OPEN 시스템)은 정보기술을 활용하여 민원처리의 접수부터 최종 처리까지의 전 과정을 실시간으로 인터넷을 통하여 공개하는 제도이다. 서울시는 OPEN 시스템의 도입을 통하여 민원의 처리와 관련된 부정과 부패의 원인 제거, 공개를 통한 시민의 신뢰 확보 및 시민들의 민원행정에 대한 접근도의 향상 등 다양한 목적을 달성하기를 기대하고 있다. OPEN 시스템은 도입 직후부터 국·내외적으로 높은 관심과 평가를 받아 왔으며 서울시에서도 OPEN 시스템이 부패방지 등에 있어서 상당한 효과를 보고 있다고 자체평가하고 있다.

① OPEN 시스템의 도입

이권업무 온라인 처리제도라는 명칭으로 시작된 OPEN 시스템은 서울시의 행정을 투명하게 하여 부정과 부패를 억제하고 그 적발을 용이하게 하기 위하여 고건 시장의 제안으로 개발된 시스템이다. 구체적으로 OPEN시스템이 추구하는 목적은 다음의 세 가지로 나누어 볼 수 있다. 첫 번째로 OPEN 시스템은 공공의 감시를 통해 시정의 투명성을 확보하고 부조리 발생소지가 있는 이권업무를 대상으로 인터넷 및 행정전산망에 시민이 제출한 민원 사항이나 원하는 사안의 처리과정을 시민 누구나 볼 수 있도록 하여 민원처리 업무에 신뢰성과 공정성을 확보하는 데 목표를 두고 있다. OPEN 시스템은 부패를 방지하고 적발하기 위한 다양한 접근방식의 하나로 부패방지 척결대책의 핵심적인 내용을 이루고 있다. 고건 시장이 제시한 부패방지 척결대책은 원인제거, 처벌, 민관 공조 및 행정의 투명성 확보로 나누어 볼 수 있는데 이 중 부패방지 척결대책의 핵심은 행정의 투명성 확보이다.

OPEN 시스템이 추구하는 두 번째 목표는 행정의 신뢰성 증진이다. 서울시가 부정과 부패가 없는 행정을 구현하고 있더라고 시민들이 그 사실을 확인할 수 없다면 서울시는 시민들로부터 적절한 수준의 신뢰를 확보할 수 없다. 서울시의 행정처리과정 및 결과에 대한 정확한 정보가 시민들에게 전달될 수 있어야 시민들로부터 신뢰를 회복할 수 있으며 회복된 신뢰를 유지할 수 있게 된다. 행정의 신뢰성은 업무를 중심으로 하는 부분과 시민이 참여하면서 느끼는 만족도가 일치할 때 그 효과를 볼 수 있다.

세 번째의 목적은 행정의 접근성 향상이다. OPEN 시스템의 도입은 민원인의 불필요한 방문을 억제하는 효과를 얻을 수 있을 뿐 아니라 민원인의 방문이나 전화응답에 사용되는 공무원의 시간을 절약해주는 효과를 예상할 수 있다. 궁극적으로는 모든 시민들이 OPEN 시스템을 통하여 행정의 내부적인 정보를 획득하여 시민과 정부의 접촉의 확대, 고도화로 이어져 장기적으로는 시민의 시정에의 참여 극대화의 효과로 이어질 수 있을 것이다.

② OPEN 시스템의 개요

서울시의 OPEN 시스템(The Online Procedures Enhancement for Civil Applications: OPEN)이란 서울특별시 인터넷 홈페이지를 통해 어느 곳, 어느 때이든지 관계없이 원하는 민원업무를 처리할 수 있도록 고안된 정보시스템이다. 업무의 선정은 다음과 같은 구체적인 업무 선정 기준에 따라 이루어졌다.

○ 과거 비리가 발생되어 사회적으로 물의를 일으킨 업무
○ 업무처리과정이 복잡하여 특혜시비의 소지가 있는 업무
○ 공개를 함으로써 외부 이권개입을 차단할 수 있는 업무

③ OPEN 시스템의 운영

민원 처리과정의 공개가 실효성을 갖기 위하여 민원처리 담당자는 다음과 같은 기준을 갖고 OPEN 시스템에 필요한 자료를 입력한다.

우선 업무처리 절차별 진행상황을 결재단계별로 입력을 해야 한다. 현재 전자결재가 실시되고 있는 분야를 제외하고는 실제 결재가 시행된 시점을 기준으로 근무시간 내에 민원처리 담당자가 직접 OPEN 시스템에 해당 결재의 내용을 입력하도록 입력의 시한을 정하고 있다. 입력의 내용에 대하여는 충분한 정보가 공개될 수 있도록 업무처리 절찰, 입력항목을 입력자가 자의적으로 판단하여 삭제하거나 누락하지 못하도록 하였으며 단위사업(업무)별 조회가 쉽도

록 입력내용을 6하 원칙에 의거 상세하게 입력하도록 하였다.

④ 특징

서울시의 OPEN 시스템은 다음과 같은 특징을 지니고 있다.

첫 번째 특징은 일반적인 행정정보의 공개가 행정처리 결과의 공개인 점에 비하여 OPEN시스템은 민원행정의 처리과정을 공개하는 데 가장 큰 특징을 지니고 있다. 법적(행정정보공개법)으로 업무의 처리과정을 국민의 청구 없이 사전적으로 공개할 필요는 없다. 하지만 서울시의 OPEN 시스템은 국민의 청구가 없이도 민원의 처리과정을 단계별로 공개하여 행정정보의 공개효과를 극대화하고 있다.

두 번째 특징은 전 과정의 공개이다. 민원이 접수된 시점부터 해당 민원에 대한 최종적인 결과까지 각 단계별로 업무의 처리과정을 공개하고 있다. 업무처리 과정도를 함께 공개하고 있어 현재 각 민원의 처리 정도를 파악할 수 있게 되며 최종 처리 시점에 대한 비교적 정확한 예측도 가능하게 한다.

민원 처리의 모든 처리과정을 공개하는 것은 부정과 부패의 발생을 억제하는 데 결정적인 요인으로 작용한다.

세 번째 특징은 공개내용에서 찾을 수 있다. 서울시의 OPEN 시스템에서 시민이 확인할 수 있는 정보는 매우 다양하다. 해당 민원의 접수일, 관련된 사항의 검토결과, 처리결과, 앞으로 예정사항에 대한 정보를 결재진행상태별로 확인할 수 있을 뿐 아니라 해당 민원의 처리 부서명과 함께 담당자의 E-mail과 전화번호 등 연락처를 공개하고 있다. 민원의 처리과정과 함께 처리부서 및 담당자의

인적 사항을 공개하는 것은 행정의 익명성에 기인한 부정의 발생가
능성을 최소화하는 역할을 한다고 할 수 있다. 또한 해당공개 업무
에 대한 업무내용, 구비서류, 업무처리 절차 및 관련법규 등을 공
개하여 민원인의 이해를 돕고 있다.

네 번째 특징은 실시간 공개이다. 전자결재와 OPEN 시스템이 연
동이 될 경우 OPEN 시스템을 통하여 공개되는 모든 정보는 실시간
으로 공개될 수 있다. 그리고 전자결재시스템이 구축되지 않은 경우
에도 결재가 난 후 업무기준 8시간 이내에 OPEN 시스템에 담당자
가 입력하도록 되어 있다.

다섯 번째 특징은 H/W가 아닌 S/W적 접근이라고 할 수 있다.
서울시의 OPEN 시스템은 H/W 혹은 정보화의 기반을 구축하는 사
업이 아니라 기존의 정보기술을 전략적으로 활용하는 S/W적인 접
근이라고 할 수 있다. 기존의 인터넷을 활용하여 시민들이 보다 쉽
게 민원처리 정보에 접근할 수 있도록 제공하는 정보기술의 전략적
활용의 좋은 예라고 할 수 있다.

인터넷과 컴퓨터의 적극적인 활용을 통하여 민원 처리의 중요단
계를 모두 공개함으로써 정보의 비대칭성을 극복하고 투명행정을
구현할 수 있게 하여 부정과 비리가 발생할 수 있는 가능성을 많
이 줄였다고 공무원과 시민들로부터 평가되고 있다.

OPEN 시스템은 업무처리의 편의성을 증대하기 위하여 고안된
시스템이 아니다. 그 반대로 공무원의 업무처리 결과를 단계별로
공개하여 많은 사람들로부터 감시와 감독을 받을 수 있도록 고안된
시스템이다. 민원처리 과정의 공개를 위한 OPEN 시스템의 도입의

결과 민원처리와 관련된 양적인 성장과 개선은 확인하였으나 민원처리의 내용 즉, 민주성의 증대, 형평성의 증대 등 민원처리 내용의 질적인 개선에 대하여는 추가적인 연구가 필요하다고 할 수 있다. 행정의 궁극적인 목적은 시민의 입장에서 행정이 운영되는 데 있으며 그 핵심은 민원 등 행정의 처리 내용이 민주성, 형평성 등의 가치를 실현하는 데 있다고 할 수 있다.

전자 투표와는 다르지만 네티즌들의 정치적 의사표현을 계량화하여 정치인들에 대한 선호도를 측정함으로써 상당한 주목을 받고 있는 사이트가 '사이버 정치증권 포스닥'이다. 포스닥은 정치라는 소재를 게임적 요소가 가미된 주식 투자 프로그램과 결합시킴으로써 네티즌들의 폭발적인 인기를 얻는 데 성공했다.

5. 전자민주주의의 발전방향

우리나라의 정치현실, 대다수의 정책결정이 극소수의 참여하에서 이루어지는 현실, 선거 때 보이는 국민의 지역적 분열, 컴퓨터 이용능력의 부족, 잘못된 정보제공(정치광고와 홍보, 유언비어 등)으로 인한 시민들의 잘못된 판단 등은 우리나라의 민주주의 수준의 향상이라는 결과를 가져오기에는 아직 전자민주주의 발전단계가 초기임을 짐작게 한다. 그리고 전자 공청회 등이 실시되고는 있으나, 전 국민 간의 활발한 토론과 의사교환 및 수렴이 이루어지지 않고 있다.

그렇다고 전자민주주의가 불필요하다거나 그 달성이 현실적으로 불가능하다는 것은 아니다. 단지 아직까지 전자민주주의의 우리나라 적용이 초기단계라 할 수 있을 것이며, 우리나라의 현실과 기술의 발달이 적절히 균형적으로 발전했을 때 한국의 민주주의 제고라는 결과를 충분히 기대할 수 있다.

전자민주주의의 성공을 위해서는 그에 따른 기술발전뿐만 아니라 시민의식의 성숙과 문화적 수준 향상을 종합하는 변화가 동시에 이루어져야 한다.11)

1) 전자민주주의의 발전방향

(1) 정보에 대한 효율적 접근

전자민주주의가 구현되기 위해서는 두 가지 측면의 정보 즉 권력 감시에 필요한 정보와 참여의 질을 높이기 위한 정보에 대해 효율적으로 접근할 수 있어야 한다.

(2) 정보의 효율적 전달

또한 전자민주주의가 실현되기 위해서는 공개된 사이버공간을 통해 효율적으로 전달되어야 한다. 사이버 공간에서 정보가 적은 비용으로 신속하게 유통되기 위해서는 자료의 디지털화가 선행되어야 한다.

---

11) 김성태,『전자정부론』, 서울: 법문사, 2003, pp.102-103

(3) 정보의 체계적 전달

다음으로 전자민주주의가 실현되기 위해서는 정보의 체계적 전달이 이루어져야 한다. 인터넷의 등장은 시민들에게 정보부족이 아니라 정보과다의 문제를 야기했다. 이러한 정보범람의 상황에서는 정보의 체계적 전달이 매우 중요하다.

(4) 정보통신기술 인프라의 구축

초고속정보통신망을 조기에 구축하고 음성통신 위주의 통신사업자 체계를 인터넷 중심으로 개편하여 인터넷 서비스 제공능력을 확충해야 한다.

(5) 정보복지의 확충

저소득층, 노인, 장애인에 대한 인터넷 기기의 무료보급과 정보비용의 경감조치가 있어야 하고 정보에 대한 보편적 접근을 위한 이동통신, 인터넷의 이용요금의 인하조치가 있어야 한다.

(6) 사이버상의 시민윤리

사이버 토론문화가 정착되기 위해서는 상대방을 존중하고 모든 문제가 폭력적 수단이 아니라 평화적인 대화와 토론을 통해서 해결되어야 한다는 에티켓 사회가 전자공간에도 형성되어야 한다.

현재의 전자민주주의는 대의제를 대체할 새로운 사회체제로서가 아닌 보완책으로서의 가능성을 가지고 있다.[12) 앞서도 언급되었지만 정보화는 이미 피할 수 없는 거대한 물결로 우리를 가로막고 있으며, 아직까지는 우리나라가 그 물결에 맞서 훌륭히 적응하고 있다. 또한 대의제는 시간이 흐르면 흐를수록 그 원래의 취지에서 벗어나 우리 곁에서 멀어지고 있다(국회를 보라!).

정보화가 가져다주는 부수적인 효과로서 전자민주주의는 비록 그에 따른 부정적 측면을 무시할 수 없지만 현재 심각한 수위에 도달해 있는 대의제의 폐해를 극복할 수 있는 장점들을 지니고 있다. 선거만 끝나면 정치 참여에서 배제되는 것이 아니라 우리 스스로가 정보에 접근하여 토론과 의견 교환을 통해 정치인들이 그 의무를 다할 수 있게 감시하며 때로는 그들의 정책에 힘을 실어 주는 것이 가능해진 것이다. 또한 지금까지 정부를 견제하는 역할을 해왔던 여러 시민 단체들도 시민 사회에 더욱 가까워지고 그들의 여론을 빠르게 수렴하여 스스로 권력화되는 현상도 방지할 수 있을 것이다.

보다 근본적으로 점점 규모가 커지는 현대 사회에서 필수적인 위치를 점하고 있는 대의민주제를 원래의 위치로 돌리는 역할을 전자민주주의가 맡을 자격이 충분하다고 할 수 있다.

그러나 이러한 전자민주주의의 장점들을 현실로 이끌어 내는 것은 우리들의 몫으로 남아 있다. 크게 두 가지 부분으로 나눠볼 수 있는데, 바로 정보기술적 측면과 시민역량의 성숙측면이다.

---

12) 정보통신기술만의 민주주의는 올바른 민주주의 아닐 수 있다.

먼저 정보기술적 측면을 살펴보면, 앞선 논의에서 알 수 있듯이 정보기술의 발달로 인하여 전자민주주의가 가능하게 되었는데 이러한 정보기술이 전자민주주의 실현에 도움을 주기 위해서는 다음과 같은 전제 조건이 요구된다고 보인다.

① 시민들의 보편적 접근이 가능한 망구축
② 정부, 학계, 시민, 언론인, 기타 전문인을 위한 가상공간상의 상호교류
③ 올바른 정보기기활용을 위한 시민교육프로그램
④ 가상공간이 상업목적으로만 활용되는 것을 방지하기 위한 제한과 규제
⑤ 비엘리트집단을 포함한 전자정부의 T/F 운영.
⑥ 가상공간을 통해 형성된 여론이 정부정책에 반영될 수 있도록 하는 장치

시민역량 측면을 살펴보면, 정보통신기술의 눈부신 발달로 유비쿼터스가 실생활 깊숙이 사용할 수 있게 되더라도 그것을 받아들이는 민주시민의 역량이 부족하다면, 그 기술은 쓸모없는 것이 되고 말 것이다. 그러기에 정보통신기술의 발달에 발맞춰서 시민의 민주역량 역시 발달해야 한다. 이것을 위해서는 교육적인 부분에 투자하는 것이 가장 확실한 방법이라 생각한다. 그리고 적극적인 시민의 참여만이 전자민주주의를 통한 직접민주주의의 실현에 한 발짝 다가서는 것이다. 전자민주주의는 기존의 대의민주주의를 대체할

수 있는 가장 확실한 방법이다. 아직까지 많은 문제점이 발견되었고, 시행착오를 거치겠지만 이 모든 것이 더욱 완벽한 전자민주주의의 초석이 될 것이다. 정치는 더욱 깨끗하고 투명해질 것이고, 국민(주민)들의 삶의 가치 또한 향상될 것이다.

전자민주주의를 바탕으로, 진정한 "국민의, 국민에 의한, 국민을 위한" 정부가 실현될 수 있도록 전자민주주의는 계속해서 발전해야 할 것이다.

【참고문헌】

김성태, 『전자정부론』, 서울: 법문사, 2003.
한만봉, 『행정정책기획론』, 서울: 한국학술정보, 2007.
http://ngo.joongang.co.kr
http://foi.democracy.org.uk/
http://www.wcc.govt.nz/
http://www.e-democracy.org/
http://www.democracy.org.uk/
http://www.metro.seoul.kr
http://www.posdaq.co.kr

II

CEO가 알아야 할 멀티시스템

　우리나라의 행정, 경영, 정보화는 경제기획원 통계국의 전자계산기 도입, KIST 전자계산실 설치 등이 이루어진 1960년대 말부터 시작되었다. 그 이후 한국정부의 행정정보화 노력은 주로 개별 부처에 의한 컴퓨터도입 및 소속기관의 전산업무의 통계적 측정 등에 치중되어 왔다. 비록 이 기간 중에도 KIST컴퓨터를 중심으로 형성된 전산네트워크가 존재하였지만, 전산기능 또는 체제가 국가기간사업으로서 네트워크화, 전산자원의 공동 활용, 사회간접자본화 등의 차원으로 확대·발전된 것은 1980년대 중반 이후의 일이다. 이러한 정보화 추진노력에 근거하여 1987년부터 국가기간전산망사업이 추진되었다. 1990년대에 들어서는 급진전되는 세계적인 정보화 추세에 대응하기 위하여 1994년 12월 정보통신부를 신설하여 정보통신과 관련된 정부기능을 일원화하였다. 1995년 8월에는 '정보화촉진기본법'을 제정하였고, 1995년 3월에는 초고속정보통신기반구축계획을 확정하였다. '90년대 중반부터는 행정정보화 사업을 추진하면서 구축된 행정데이터베이스를 비롯한 각종 정보자원들을 초고속정보통신망과 멀티미디어 기술을 응용하여 국민들에게 행정정보공개, 원－스톱(One－Stop) 민원서비스의 구현 등의 서비스를 제공하고자 한 것이다. 이러한 행정정보화의 환경변화에 대응하기 위하여 우리나라의 행정정보화는 전자정부의 구현정책으로 구체화되어 추진되어 왔다. 정부는 1998년에 전자정부의 비전과 전략을 수립하여 "한번에 통하는 온라인 열린정부"라고 하는 전자정부의 비전을 제시하고 18대 과제를 선정하여 지속적으로 추진하여 왔다. 그러나 이러한 전자정부 추진사업들은 매년 각 부처의 계획을 토대로 행정정보화 시행계획을 수립하여야 하므로, 장기적인 비전과 목표가 결여되어 부처 간의 유기적인 조정을 이끌어내는 데 한계가 있었다. 따라서 이런 문제점을 인식하고 2001년 1월 30일 대통령 기관으로서 전자정부특별위원회를 설치·운영하게 되었고, 2003년 2월 25일 참여정부에 들어와서 정부혁신지방분권위원회 내에 전자정부전문위원회가 설치, 운영되었었다.[13] 2008년에는 다문화 정보시스템에 의한 모든 관공소와 기업들이 전자결제와 전산화시스템, 멀티 시스템이 이미 완공되어 상용화되고 사용되고 있는 실정이다.

전자행정은 전자은행(Electronic Banking)서비스에서 처음 대두된

---

13) 이미 미국 등 주요선진국들은 90년대 중반부터 전자구현의 전략적 중요성을 인식하고 다양한 노력을 전개한 결과 이제는 효과를 실제적으로 체험하는 단계에 진입해 있다.

개념을 확장한 것이다. ATM(Automatic Teller Machine), 플라스틱 카드, 전국네트워크가 은행업무처리를 보다 편리하게 해 주었듯이, 전자행정도 정부와 고객 간의 의사소통을 보다 용이하고 신속하게 만들어 줄 것이라는 점이다(NPR, 1993, Executive summary). 처음으로 대두된 전자행정의 개념은 미국 클린턴 행정부의 국가행정평가위원회(NPR: National Performance Review)보고서의 하나인 "정보기술을 통한 리엔지니어링"에서 [효율적이고 고객대응적인 과정을 통해서 시민들이 정보 및 서비스에 보다 더 폭넓게, 그리고 보다 더 적시에 접근하도록 해주는 정부]였다. 이러한 전자행정의 개념은 다양하다. 간략하게 말하면 「IT기술을 활용하여 투명하며, 능력이 있고, 작지만 효율적인 행정」(안문석, 2000. 12.)이며, 정부혁신활동차원에서 '정부의 전자적 서비스(Electronic Service) 및 온라인 서비스를 정부서비스의 수혜자인 시민의 입장에서 능률적이고 효과적으로 전달하고, 환류정보를 받고자 하는 소위 고객지향적 정부(client-oriented democratic government)구현'으로 볼 수 있다(이윤식, 2000. 12.). 광의로는 정보통신기술을 정부업무수행에 활용하는 것이며, 협의로는 정보통신기술을 활용하여 행정효율을 제고하는 것이며, 정보통신기술을 활용하여 삶의 질과 경쟁력을 높이는 것이다(김준한, 2003).

최초로 행정업무에 컴퓨터를 도입한 정부기관은 경제기획원 조사통계국으로 1967년에 처음으로 컴퓨터를 인구조사에 사용되었다. 1969년부터 1970년대 중반에는 한국과학기술연구소(KIST)가 포트란(FORTRAN)이나 코볼(COBOL)과 같은 고급언어를 프로그래밍 할 수 있는 대형컴퓨터(CDC3300)를 도입함으로써 KIST전산실이 정부 주요부처의 전산화를 주도했다고 볼 수 있다(한국전산원, 2000국가 정보화백서). 그리고 지방행정기관으로는 서울시 중구청이 1971년에 컴퓨터를 도입해 업무에 사용하기 시작했다. 대체로 1970년대부터 1980년대 중반까지는 행정전산화 사업의 기간으로서 정부차원의 행정전산화 계획을 처음으로 추진한 시기이다.

1. 행정전산망화 단계(1987~1996)

■ 제1차 국가기간전산망사업(1987~1991)

행정전산망사업은 행정전산화 사업의 문제점을 토대로 형성되었으며, 제1, 2차 국가기간전산망사업의 일환으로 추진되었다고 볼 수 있다. 국가기간전산망사업은 1987년을 기점으로 하여 2단계에 걸친 5개년 사업으로 진행되었다.[14] 제1차 행정전산망사업(1987~1991)은 작고 효율적인 정부의 구현, 대국민 행정서비스의 향상, 그

---

14) 제1차 행정전산망사업은 이전의 행정전산화와는 달리 국가적인 수준에서 전산망의 개념으로 통합하여 추진할 필요성이 대두됨에 따라 1991년까지 5년간 추진되었다. 제1차 행정전산망사업의 추진 결과, 국민생활에 파급효과가 큰 주민등록관리, 부동산관리, 자동차관리, 통관관리, 고용관리, 경제통계관리 등 6개 우선업무 분야에서 전국망에 의한 온라인 업무가 본격 가동되었다. 이 사업은 대민 서비스의 향상, 행정업무처리의 효율성제고, 정보마인드의 확산 등의 측면에서 괄목할 만한 성과를 거둔 것으로 평가된다.

리고 행정전산화에 소요되는 투자를 국내정보산업육성에의 활용이라는 목표하에 추진되었다. 행정전산망사업을 위해 국민생활과의 관련성이 직접적인 6대 업무(주민등록관리, 부동산관리, 자동차관리, 고용관리, 통관관리, 경제통계관리)가 우선 선정되었다. 6대업무사업의 성과는 정부기관의 민원처리업무가 총 3,900여 건으로 처리건수는 많지 않았으나, 대민 행정서비스의 개선효과는 매우 높았다고 평가된다(한국전산원, 2000국가정보화백서).

■ **제2차 국가기간전산망사업(1992∼1996)**

제2차 행정전산망사업(1992∼1996)은 1차 행정전산망사업의 추진으로 조성된 행정전산화 기반을 토대로 행정정보의 전국적 공동활용체제를 구축하여, 전산화 효과가 클 것으로 예상되는 7개 업무분야를 우선추진업무로 또한 4개 업무분야를 중점지원업무로 선정하여 추진한 바 있다. 7대 우선추진업무는 우체국 종합서비스(정보통신부), 국민복지업무(보건복지부), EDI(Electronic Data Interchange: 거래데이터를 교환하기 위한 표준시스템)형 통관자동화(관세청), 산업재산권 정보관리(기상청), 어선관리 업무(해양수산부), 물품목록 관리(조달청) 등이다. 이 중에서 대표적인 성과로는 우체국 종합서비스, 통관EDI, 어선관리업무 등이다(한국전산원, 2000국가정보화백서). 제2차 행정전산망사업의 목표는 행정종합정보 유통망의 구축과 행정업무의 전산화로의 개발 확대, 전산기기 및 응용기술보급 촉진, 공무원전산활용능력의 제고 등을 통해 행정능률을 향상시키고 대민서비스를 개선하자는 데 있었다. 이 시기의 주요 정보화사업은 초고속 정보통신망사업인데, 2010년까지 3단계로 나누어 추진되고 있다(한국전산원, 1997, 전자신문사).

1) 행정정보화단계(1996~1998): 전자정부의 태동기

우리나라에서 공식적으로 전자정부구현이 정부의 정보화 정책으로 확정된 것은 1996년부터이다. 행정정보화 사업은 정보화 추진을 위한 '정보화촉진기본법(1995.8)'의 제정과 제1차 정보화촉진기본계획(1996. 6.)을 통해 구체화되었다. 정보화촉진계획에는 '작지만 효율적인 전자정부의 구현'을 포함하는 정보화 촉진 10대 중점과제가 선정되었고, 이후 1997년까지 세 차례에 걸쳐서 청와대에서 정보화추진확대보고회의를 개최하면서 국가정보화를 문민정부 후반의 역점정책으로 추진하였다. 정보화촉진기본법에 제시된 정보화 정책의 기본원칙을 보면 ⅰ) 민간투자의 확대와 공정경쟁촉진 ⅱ) 환경변화에 능동적으로 대응하는 제도의 수립 및 시행 ⅲ) 정보통신기반에 대한 자유로운 접근과 활용 ⅳ) 지역적·경제적 차별이 없는 균등한 조건의 보편적 역무제공 ⅴ) 개인의 사생활 및 지적소유권보호와 각종 정보자료의 안전성 유지 ⅵ) 국제협력의 촉진 등이다.

2) 전자정부화 단계(1998~2007현재)

■ 정보화촉진기본법 및 동법시행령의 개정(1999)

국가기간전산망사업의 일환으로 추진했던 행정전산망사업이 국가기간전산망사업의 성과로 공공부문의 정보화가 어느 정도 기반을 갖추게 되면서 더욱 발전적인 국가정보화 추진을 하게 되었다. 이에 따라 95년 8월에 『정보화촉진기본법』(법률 제4,969호)을 제정하였고, 96년 6월에는 정보화촉진기본계획을 발표했다. 그리고 1999년 1월과 6월에 정보화촉진기본법과 동법 시행령을 각각 개정하여 정보화 추진체계를 일부 보완·정비하였다. 정보화 추진위원회·실무위원회·분과위원회를 중심으로 하는 추진체계의 기본골격은 그대로 유지하면서, 정부부처 및 지방자치단체의 정보화 추진에 대한 책임과 권한은 강화되고, 국가사회 정보화 추진의 전문성·효율성을 제고하는 방향에서 정보화 추진체계의 정비가 이루어졌다.

■ U-정보화 사업

U(Ubiquitous)정보화라는 용어는 우리나라 정부기관에 의해 공식적으로 사용된 것은 아니지만 현재 우리나라에서 진행되고 있는 정보화 정책 내지 사업의 속성이 U-정보화로 볼 수도 있기 때문에 전자정부정책변화의 마지막 단계로 제시하였다. U-전자정부는 대국민서비스관점에서 언제 어디서나 국민이 전자정부를 이용할 수 있는

형태이며, 좀 더 포괄적으로 보면 대국민서비스뿐만 아니라 부처 간, 중앙과 지역 간 또는 정부와 민간 사이의 합작(collaboration)이 이루어질 수 있는 정부를 의미한다.

【참고문헌】

김동욱. 2000. 6. 지식정보사회에서의 정부정보화의 방향. 「행정과 전산」 제80호.

김준한. 2003. 전자정부고도화를 위한 투자방향 및 전략, 인터넷자료.

안문석. 2000. 12. '전자정부구현을 위한 법률(안)'로 본 공무원의식구조변화. 「행정과 전산」 제82호.

이윤식. 1998. 21세기 행정정보화의 추진방향과 과제. 「행정과 전산」 제74호.

전자정부특별위원회 http://egov.edunet4u.net/main/body1.asp

http://www.mogaha.go.kr/warp/webapp/home/kr_home

한국전산원 http://www.nca.or.kr/

정보통신부 http://www.mic.go.kr/index.jsp

http://www.innovation.go.kr/warp/app/home/kr_home

2. 전자적 업무 서비스의 제공과 이용

1) 전자적 업무정서비스 제공의 편익

정보기술의 발전과 행정환경의 변화로 인하여 기존의 관료제 구조의 정부가 네트워크 구조의 전자정부로 바뀌고 있고, 업무서비스 전달 패러다임이 급격하게 변하고 있으며, 이러한 변화는 전자정부의 업무서비스 방식인 전자적 행정서비스 전달 방식으로 전환되고 있다. 기존의 행정서비스의 전달방식이 이루어지던 off-line에서 탈피하여 온라인 방식에 의하여 행정서비스가 제공될 수 있는 근거는 기존의 행정서비스의 전달방식을 탈피한 온라인 방식을 도입하는 것이 공공기관과 시민 모두에게 실질적인 편익이 있기 때문이다.

현실적으로 국민을 고객의 관점에서 볼 때, 1980년대에는 정부기관에서의 정보기술의 활용이 일부 고객업무에 대한 자동화를 지원해 주는 수준에 머물렀지만, 1990년 초에 들어와서 Kiosk 등을 이용하여 행정서비스의 전달이 전자적 방식으로 이루어지게 되었으며, 이제는 인터넷을 기반으로 단일창구를 통한 통합된 행정서비스의 제공이 실현되기에 이르렀다. 이와 같은 변화는 정부가 더 이상 정보를 수집하는 기관에 머무를 수 없으며, 정보의 제공자로서 행정서비스를 전자적으로 제공해 주어야만 하는 절대적인 상황에 직면하고 있음을 보여주고 있다.

인터넷으로 대표되는 최근의 정보기술은 기존의 행정서비스 전달 방식에 있어서 일대 전환을 가져오고 있다. 새로운 행정서비스 전달방식은 전산화된 행정시스템과 데이터베이스와 같은 기존의 기술을 바탕으로 하며, 이미 은행이나 기타 민간기업에서 사용되어 왔던 현금자동지급기와 같은 시설 등을 구체적으로 활용하는 차원에서 볼 때는 전혀 새삼스러운 것은 아니다. 그러나 지금까지 행정서비스의 전달이 공식적인 기관을 통해서 그리고 국민들이 직접 방문하여 필요한 행정수요를 충족하였던 방식에서 비교해 볼 때는 엄청난 변화를 보여주고 있다. 전자적인 방식을 통한 행정서비스의 전달은 구체적으로 정보통신기술을 이용하여 행정정보의 제공, 행정민원인의 의견수렴, 민원서비스, 민관 간의 전자문서처리 등 다양한 응용서비스를 통해 원격 그리고 전자적으로 행정서비스를 제공하는 것을 의미하고 있다. 이러한 행정서비스의 전자적 전달은 고객중심의 서비스행정을 구현할 수 있을 뿐만 아니라 접근성의 제고를 통한 투명성과 신뢰성을 가져다줌으로써 열린 행정을 실현하는 기반이 되고 있다. 따라서 전자적 행정서비스의 전달은 결국 전자정부를 구현하는 구체적인 출발점이며 동시에 중요한 수단이 되고 있다.

공공부문에서 새로운 전자적 전달방식의 도입은 다양하게 이루어지고 있지만, 이는 크게 2가지 중요한 목적을 가지고 있다. 하나는 국민의 행정수요에 대한 대응속도를 향상시키고 행정서비스의 능률과 정확성을 필요로 했기 때문이다. 또 다른 하나는 정부가 보다 국민들에게 다가설 수 있어야 하며, 정책결정과정에 국민들의 참여를 폭넓게 확장시킬 필요가 있었기 때문이다. 인터넷의 확산과 활용은 행정내부의 차원에서 지리적으로 멀리 떨어져 있는 행정기관이나 관료들이 수행하는 업무활동의 조정을 향상시켜 주고, 서로 다른 장소에서 일하는 관료들 사이의 협력의 질을 향상시키고 비용을 줄일 수 있다. 또한 정책결정자들의 의사결정을 지원하기 위한 데이터와 정보의 폭을 향상시켜 준다. 따라서 인터넷의 확산과 이용으로 야기된 인터넷을 통한 행정서비스 제공은 정보기술을 이용한 행정서비스 제공으로서 구체적으로 정부내부의 협력을 증진시키고 정보와 서비스에 대한 접근을 향상시킴으로써 정부가 안고 있는 부담을 덜어주는 혁신적인 수단이 되고 있다.

이와 같이 인터넷에 기반을 둔 행정서비스의 제공은 국민들이 24시간 언제 어느 곳에서든 일반 네트워크서비스를 통하여 접근할 수 있어야 하며, 정부의 행정서비스의 제공이 인터넷 환경에 맞게 전환되어야 한다. 전자적 방식에 의한 행정서비스의 제공은 국민들의 입장에서는 더 이상 행정서비스를 제공받기 위해 정해진 업무시간에 특정 공공기관을 방문할 수밖에 없었기 때문에 발생했던 시간적, 경제적 비용과 불편에서 이제는 벗어날 수 있게 된다.

이러한 혜택은 정부의 입장에서도 전자적 방식을 행정업무에 도입함으로써 중복업무로 인한 업무부담을 줄일 수 있으며, 반복적 노동집약적 업무에서 벗어나 지적창출업무로의 전환을 가능하게 하는 점은 앞으로 행정서비스의 제공이 어떤 방향으로 가야 한다는 사실을 명확하게 해준다. 결국 전자적 행정서비스의 제공은 바로 국민과 기업은 물론 행정업무를 수행하는 공공기관 모두에게 혜택을 줄 수 있는 대안으로 대두되고 있다. 특히 고객중심의 사고는 최근 행정개혁의 화두가 되고 있는 상황에서 정보기술을 활용한 행정서비스의 획기적 개선은 직접적으로 효과적 접근방식이 된다.

한편, 전자적 민주주의의 실현이라는 측면에서 투명하고 보편적인 행정서비스의 제공은 정보 불평등 상태를 최소한으로 줄일 수 있는 계기가 되고 있다. 정부가 보다 나은 행정서비스를 제공한다는 것은 보다 개방된 공공기관들에 의해 국민들이 더 좋은 환경에서 공공정보에 쉽게 접근할 수 있는 것을 전제로 할 때 가능하다. 정보기술의 도입은 정부가 행정서비스를 제공함에 있어서 개방성을 통하여 행정서비스의 투명성과 국민과의 상호작용을 가능하게 한다는 차원에서 보다 나은 행정을 위한 계기가 되고 있다. 특히 행정서비스의 제공에 있어서 개방성은 공공기관들이 국민들의 입장에서 자유롭고 보편적으로 폭넓게 정보를 제공할 뿐만 아니라 더 나아가 국민들과 직접적인 대화가 가능한 정도를 의미하며, 보편적으로 접근이 가능하게 하는 것을 말한다.

2) 전자적 행정서비스의 유형 및 단계

최근 들어 대부분의 공공기관에서 홈페이지를 구축하여 다양한 정보 및 서비스를 제공해주고 있다. 이러한 전자적 행정서비스의 제공은 편리성과 접근성을 제고할 뿐만 아니라 개개인에 대한 고객화를 가능하게 한다는 점에서 단일창구(single window) 혹은 통합적 서비스 제공으로 이해되기도 한다. 이와 같은 전자적 행정서비스는 그 기능을 중심으로 학자들에 따라 다양하게 구분되고 있다. Shi and Scavo는 전자적 행정서비스의 유형을 정보배분, 의사소통, 정보배분, 그리고 시민참여를 중요 기능으로 보고 이를 통하여 온라인 공공정보시스템을 이해하고자 하였다. 한편, Dutton(1994)은 새로운 행정서비스의 전달유형으로 통신기술이 발달함에 따라 지속적으로 개발되고 있는 점을 인정하면서 보다 복잡한 양상으로 전개되고 있는 전자적 행정서비스의 유형을 유선방송(narrowcasting), 업무처리 (transactions), 정보검색(information retrieval), 그리고 원거리 통신(remote communication)으로 구분하였다. Dutton의 분류에서 정보검색은 단순히 정보를 제공해 주는 측면뿐만 아니라 쌍방향 서비스를 포함하고 있는 개념으로 보고 있다. 그리고 업무처리는 쌍방향 의사소통에 의한 금전적인 거래를 포함하고 있다. Dutton은 원거리 통신과 유선방송을 중요한 요소로 분류함으로써 전자적 행정서비스의 제공범위를 광의로 그리고 적극적으로 해석하고 있다.

3) 전자적 업무서비스의 분류

이와 같이 다양하게 분류할 수 있는 전자적 방식에 의한 업무서비스는 웹을 기반으로 하는 네트워크로서 정보배분(information dissemination), 국민과 정부 간의 의사소통(citizen-government communication), 그리고 시민참여(citizen participation)의 기능을 수행하는 것으로 정리해볼 수 있다. 이와 같이 기능을 중심으로 분류하더라도 구체적으로 공공기관에서 제공하는 전자적 행정서비스가 어떤 방식으로 표현되고 있는지는 각각 다르다. 예를 들면, 공공기관에서 제공하는 정보를 단순히 읽어볼 수 있는 화면으로 구성된 것(read-only WWW page)이 있다. 이러한 구성은 대부분의 공공기관에서 정보를 제공하는 데 사용하고 있는 형식이다.

두 번째는 전자우편주소, 메일링 리스트(mailing list), 혹은 게시판(bulletin board)을 제공하는 것이다. 예를 들면, 전자우편은 시민과 공무원 간의 개별적 의사소통을 위한 수단이 되고 있으며, 메일링 리스트 혹은 게시판은 시민들과 공무원들이 함께 정책적 과제에 대하여 토론을 할 수 있는 공간으로서 기능할 수 있다. 전자우편이나 메일링 리스트의 경우는 단순히 의사소통의 수단은 물론 정보의 제공이라는 차원에서도 활용되고 있다.

그리고 쌍방향 홈페이지의 구성이 있다. 이 경우는 많은 시민들이 홈페이지에 접속하여 자신의 견해를 제기할 수 있는 것으로 사이버상에서 전자정부의 방향을 구현한 것으로 볼 수 있다.

따라서 전자정부의 논의에 있어서 핵심적인 부분인 전자적 행정서비스의 제공은 크게 두 가지 차원에서 인식할 필요가 있다. 하나는 전자적 행정서비스의 제공을 단순히 홈페이지를 통하여 행정정보를 제공하는 것으로 볼 수 있으며, 또 다른 차원에서 보면 기업이나 국민들로 하여금 정부와의 상호의견을 주고받을 뿐만 아니라 나아가 거래에 관여할 수 있게 하는 것으로 논의를 확장하고 있다. 전자의 경우, 홈페이지를 만들어 필요한 정보를 제공하는 것이기 때문에 기관의 입장에서 비교적 쉬운 수준으로 받아들여질 수 있다. 예를 들면, 이 수준에서는 편리한 웹방식을 통하여 행정문서를 제공하고 온라인 방식으로 서류를 작성하여 제출할 수 있도록 한다. 초기단계에서는 주로 사무환경을 자동화한다거나 일방향으로 정보를 제공하는 정도에 머물렀다. 그러나 최근에 들어와서 각국에서 전자정부의 실현을 강조하는 상황에서 보면 정부와 국민 간의 관계를 자동화하는 수준에서 후자의 경우까지 논의를 확장하여 정부는 국민들로 하여금 정부와 상호작용할 수 있게 할 뿐만 아니라 정부와 거래 등 업무처리를 할 수 있게 한다는 것이다. 특히 온라인 업무처리(transaction)까지 논의가 확장되는 경우는 기술적으로나 조직·내부적으로 실질적인 업무행정의 근본적인 변화를 전제로 해야만 한다. 일을 잘하느냐 못하느냐는 직원의 능력에 달려 있기도 하겠지만 그 여건을 통해 그 기량이 최대한 발현될 수 있는지는 과학과 기계화에 달려 있다고 보아도 과언이 아니다.

3. 정보기술을 통한 행정서비스

1) 미국의 멀티정부 서비스

미국의 클린턴 행정부는 정보기술을 활용한 정부 혁신을 주창하면서, 보다 국민 위주의 능률적인 정부를 이룩하기 위해 노력하고 있다. 고어 부통령이 주도하는 국가행정평가(National Performance Review, NPR)는 이러한 노력의 일환으로 추진되고 있다. 또한 미국의 여러 주 및 지방정부에서도 지난 몇 년 동안 정보통신기술을 이용하여 보다 양질의 행정서비스와 정보를 제공하기 위한 여러 가지 시험적 노력을 시도하여 왔다.

현재 미국의 각급 정부 기관에서 개발 및 추진하고 있는 전자정부의 사례들은 수적으로 많고 다양하다. 이들을 기능과 방식에 따라 몇 가지 유형으로 집약해 보면 다음과 같다.

　○ 국민들이 정부 컴퓨터에 온라인으로 접속하여 필요로 하는 행정정보 서비스를 받고, 공무원들과 상호 작용을 통해 관심, 의견 및 아이디어를 나눌 수 있게 한다.

　○ 일반 전화를 이용하여 행정정보를 입수하고, touch tone 키를 이용하여 정부 컴퓨터에 직접 정보를 입력하거나 교환할 수 있게 한다.

　○ 전자급부이전을 통해 복지 수혜자들이 급부를 보다 빨리 쉽게 수령하고 보다 안전하고 능률적으로 사용할 수 있게 한다.

　○ 화상회의를 통해 여러 곳에 있는 사람들이 동시에 참여하는 회의를 진행할 수 있게 한다.

이러한 유형들 중에서 특히 많은 관심을 모았던 키오스크(kiosk), 쌍방적 음성처리, 전자급부이전, 온라인 서비스 등의 사례를 좀 더 구체적으로 소개해 보고자 한다.

　(1) 키오스크(kiosk)

키오스크는 한때 "24시간 봉사하는 시청(24-hour city hall)"이라는 별명을 얻기도 하였는데, 이것은 국민이 자기가 편리한 때에 아무 때나 행정서비스에 접근할 수 있게 함으로써 서비스 전달에 새로운 차원을 제공하였다. 키오스크는 주로 이용자들이 필요로 하는 정보의 제공과 간단한 정보처리를 주요 기능으로 하고 있다.

　주로 지방정부들은 도서관, 백화점 및 편의점 등 여러 곳에 키오스크를 설치하고 다양한 정보들을 제공하고 있다. 키오스크는 주로 touch screen을 사용하기 때문에 다루기 쉬운 장점을 갖고 있는데, 화면에 나타난 메뉴를 살펴보면서, 정부 부서나 행정서비스의 목록, 중요 지역 시설 및 관광지 지도, 각종 행사 일정, 도서관 신착도서 목록, 조세 정보 및 구인 직장에 관한 정보들을 입수할 수 있다. 키오스크의 실례로 몇 가지 들어 보면, 먼저 캘리포니아 주의 Info/California는 구인 광고 등 각종 정보를 제공해 주었을 뿐만 아니라, 이용자들이 요금이나 벌금을 지불하고, 운전면허증을 갱신하며, 출생확인서를 발급받는 데 사용되기도 하였다. 예를 들어, 키오스크에서 출생확인서를 신청하고 그 비용을 신용카드로 지불하면 신청 다음날에 우편으로 출생확인서를 받아 볼 수 있게 하였다. 뉴올리안즈의 한 키오스크에서는 지역 내 10대 현상범의 사진과 개인신상 자료를 입력하여 열람할 수 있게 하였으며, 경찰에 직통으로 신고하는 방법도 알려주고 있다. 또한 아리조나주의 QuickCourt는 법률 자문이 필요한 사람들이 비싼 자문료를 내지 않고 자문을 받을 수 있도록 무료로 서비스를 제공해 주고 있다. 이 QuickCourt에서 법원의 서류 양식이나 법률 자문을 얻을 수 있으며, 이혼신고, 집주인과 세입자 간의 분쟁 해결 등도 도와주고 있다. 이런 키오스크는 키보드보다도 훨씬 더 사용하기 쉬운 touch screen에 의존하고 있고, 자판보다는 음성이나 화상으로 상호 작용하게 하기 때문에 컴퓨터와 이용자 간의 상호작용을 단순화한 데 그 장점이 있다. 아직도 많은 정부 기관에서 새로운 키오스크의 개발을 추진하고 있지만, 이미 개발되어 사용 중인 키오스크에서 전혀 문제가 없지 않다. 대부분의 키오스크들은 처음 나왔을 때나 지금이나 그 서비스 내용 면에서 크게 바뀐 것이 없다고 한다. 그 이유는 키오스크를 보급하고 사용하는 데 필요한 하드웨어나 소프트웨어의 비용은 저렴하고 기술적으로도 성능은 좋은데, 다만 키오스크에서 새로운 서비스 내용을 개발하고 유지하는 데에 아직은 지방정부에 상당히 많은 비용 부담을 요구하고 있기 때문이다. 따라서 키오스크의 선두적 역할을 수행했던 Info/California는 예산 삭감으로 사실상 서비스 공급이 중단되고 있는 상태이다.

(2) 쌍방적 음성처리서비스

전화는 국민들이 행정정보를 수집하는 대중적 수단으로 애용되어 왔었다. 음성사서함이나 자동응답 및 안내 기능을 통해 행정서비스에 접근할 수 있게 하였으며, 특히 최근에는 전화기의 touch tone 키를 이용한 쌍방적 음성 반응(Interactive Voice Response, IVR) 기술이 국민과 행정을 연결하는 효과적인 도구로 각광을 받고 있다. IVR은 은행에 전화를 걸어 자신의 계좌번호와 비밀번호를 입력하고 잔고를 확인하는 것과 비슷한 원리의 서비스이다.

IVR의 사례로는 미국 매사추세츠주의 TeleFile이 널리 알려져 있다. 매사추세츠주의 재무성은 주민들의 개인소득세 신고와 이의 정산을 자동화할 수 있는 TeleFile을 개발하여 1995년 1월 16일에 가동을 시작하였다. 이것은 납세자가 일반 전화기의 touch tone키를 이용하여 시스템이 요구하는 대로 12가지 항목의 정보를 평균 8분에 걸쳐 입력하면, 시스템이 이를 읽고 정산을 하여 환불(refunds) 받아야 하는 사람에게는 4일 이내에 수표를 전달해 주는 시스템이다. 과거에 서류로 납세신고를 하였을 경우 환불에는 약 6주가 걸렸다고 한다. TeleFile서비스를 준비하는 과정에서 음성사인(voice signature)을 제도화하는 문제가 하나의 이슈이었다. TeleFile의 주요목표가 서류 없는 납세신고(paperless filing)를 성취하는 것이었으므로 음성사인이 법적 사인으로 인정되지 않는다면 이런 목표는 달성될 수 없는 것이었다. 그러나 1994년에 주 의회의 도움으로 이를 입법화하였다. TeleFile을 준비하는 과정에서 특징적인 것은 주재무성 내에 차관과 세무조사, 민원처리 및 자료처리를 담당하는 직원들이 참여하는 임시작업반(task force)을 구성하여 내부적 의견수렴과정을 거치면서 면밀한 준비를 하였다는 점이다. 또한 외부의 판촉회사에 의뢰하여 사용 방법과 워크쉿 개발 등에 대한 납세자들의 의견을 충분히 수렴하였으며, 동시에 철저한 시험 운영과 문제 해결을 통해 시스템의 완성도를 높였다는 점이다. TeleFile이 성공할 수 있었던 요인 중의 하나는 철저한 홍보 활동이었다. TeleFile이 존재한다고 해서 곧 주민들이 이를 사용한다고 보장할 수 없었기 때문에 방송 및 언론 매체를 통해, 방문설명회를 통해, 대중교통 수단에 홍보물을 부착하였으며, 그리고 TeleFile을 사용한 납세자를 대상으로 추첨을 실시, 상품을 주는 행사 등 대대적인 홍보를 실시하였던 것이었다. 그 결과로 1995년 첫 해에 대상 납세자의 30%

정도가 TeleFile을 통해 납세 신고를 마쳤다. 이와 같이 다수가 참여함으로써 비용 절감 효과는 가시적이었으며, 특히 사후감사(post-audit)의 비율도 15%로 줄일 수 있어서 비용 절감에 기여하였다. 이러한 예산 절감의 효과는 여러 주로부터 관심을 끌기에 충분한 이유가 되었으며, TeleFile은 행정쇄신에 관련한 여러 개의 상을 수상하기도 하였다.

그러나 TeleFile에도 어려움이 없지 않다. 우선 전화상에서 지시 사항이 길거나 선택 메뉴가 많을 때 신고자가 기억하지 못하는 어려움이 있었으며, 전화선이 감당할 수 없는 정도로 전화가 집중될 때 주민들은 다시 불편을 겪게 되었다. 또한 주민들이 사전에 필요한 정보를 정확히 파악하지 못한 채 전화를 걸었을 때 그 효과는 가시적이지 못하였다.

(3) 전자급부이전

전자급부이전(EBT: Electronic Benefit Transfer)은 은행에서 성공적으로 사용하고 있는 ATM(Auto-mated Teller Machine)과 유사한 응용이다. 정부가 복지서비스 수혜자에서 각자의 마그네틱 카드를 만들어 주고, 복지급부(benefits)를 해당 수혜자의 구좌에 온라인으로 입력해 주면, 수혜자는 그 카드를 이용해서 현금 인출이나 슈퍼마켓에서의 음식 구입을 직접 할 수 있게 되며, 이와 같이 사용할 때마다 수혜자의 구좌에서 지출액이 공제되게 된다.

EBT는 연방정부의 극빈자 지원을 위한 Food Stamp 사업에서 가장 보편적으로 사용되고 있으며, 메릴란드주의 Independence Card 프로그램에서는 공공주택 임대료까지도 EBT를 사용해서 지불할 수 있게 하였다. 연방정부에서는 각 주에 EBT의 사용을 권장하고 있는데, EBT는 우선 각종 수표나 쿠폰의 발행을 필요 없게 함으로써 문서작업과 비용을 줄여주며, 복지 급부와 관련된 사기 및 절도의 가능성을 줄여주는 장점을 갖는다. 수혜자들이 카드를 이용할 경우 누구도 이들이 구호대상자를 위한 Food Stamp 사업을 통해 물건을 구입하는 것을 알 수 없기 때문에 이들의 인격과 품위를 유지시켜 주는 데도 기여하였다고 한다.

EBT의 이용은 향후 폭발적으로 늘어날 것 같다. 미국의 주정부들은 EBT의 원활한 활용을 위해 협력체(alliances)를 구성하여 사용권을 광역화하고 있다. 이러한 협력체의 구성은 규모의 경제를 도모하여 행정비용을 줄일 것으로 보인다. 현재 EBT가 줄 수 있는 불편 중의 하나는 슈퍼마켓에서 수혜자의 카드번호와 비밀번호를 입력하여 확인하는 데 걸리는 시간이다. 비록 오랜 시간은 아니지만, 고객이 몰리는 시간대에는 불편을 야기할 수 있다. 또한 EBT는 슈퍼마켓과 같은 가게에 특별 통신장치와 전화선을 추가로 보유해야 하는 부담을 준다. 현재 이러한 불편을 완화시켜 주는 수단으로 마그네틱카드 대신에 스마트카드가 고려되고 있다. 스마트카드는 중앙 컴퓨터에 접속될 필요가 없으며, 카드 자체에서 정보를 읽고 구매를 승인하며 구좌에서 지출을 공제하고 잔고를 유지할 수 있게 하기 때문이다.

(4) 정부 포털 사이트

클린턴 대통령은 2000년 6월에 대규모 전자정부 추진계획을 발표하면서 2000년대 말까지 정부 포털 사이트를 통하여 2만 개의 연방정부 웹사이트의 모든 온라인 자료검색을 가능하게 하며, 같은 해 9월 22일 27,000개 연방정부 웹사이트를 검색할 수 있는 정부차원의 포털 사이트인 'first.gov'를 개통하여 운영하기에 이르렀다. 전자 정부 서비스 부문에서는 무엇보다 '미국 정부로 통하는 첫 관문'(Your First Click to the US Government)을 개설한 점이 두드러진다. first.gov 포털은 미국민들로 하여금 연방정부의 온라인 정보 서비스를 한곳에서 편리하게 이용할 수 있게 한 최초의 미국 정부 웹사이트라는 점에서 의의를 갖는다.[15]

(5) 기타

위에서 소개한 사례들 이외에도 국민과 행정서비스를 연결시켜 줄 수 있는 기술에는 화상회의(video-conferencing)가 있다. 화상회의는 참여자들이 자기의 위치를 떠나지 않고 상호 대화를 나눌 수 있게 해 준다. 화상과 음성이 쌍방향적으로 교환되게 함으로써 원격 교육과 공청회 또는 전문가 집단과의 회의 등에 효과적일 수 있다. 화상회의는 비용 부담이 크기 때문에 실제로 활용하는 정부 기관은 결코 많지 않다. 그러나 넓은 지역에 인구가 분산되어 있거

---

15) 사이버정치와 e-거버넌트 오관석 인간사랑 2004.

나 서비스 공급이 분산되어 있는 Wyoming이나 Kentucky주에서 효과가 있는 것으로 알려져 있다. 재미있는 사실은 화상회의가 성공적이고 생산적으로 사용되기 위해서는 참여하는 기관들이 화상회의에 기꺼이 참여하려는 강한 동기를 갖고 있어야 한다는 지적이다. 이러한 참여기관들 간의 협력 없이 쌍방향적인 통신 수단은 투자한 비용에 비해 결코 효과적일 수 없다.

요컨대, 미국의 각급 정부 기관에서 전자적 방식에 입각하여 대국민 행정서비스를 제공한 역사는 불과 수년에 불과하다. 앞서 논의한 바와 같이 키오스크(kiosk)는 시작할 당시 각광을 받았지만 새

로운 내용의 서비스를 개발·유지하기 위해 필요한 예산을 확보할 수 있을 만큼 설득력을 갖지 못함으로 해서 크게 성공하지 못하고 있는 반면, 쌍방적 음성반응서비스(IVR)와 전자급부이전(EBT)은 일부 정부기관에서 매우 성공적 정착을 거두고 있는 것으로 관찰되었다. 전자기술을 매개로 한 대국민 행정서비스의 제공은 여러 가지 이득을 가져다주고 있다. 우선 이용자들이 원하기만 하면 언제 어디서든지 신속하고 정확하고 편리한 서비스를 제공받을 수 있게 함으로써 고객 만족에 크게 기여하고 있다. 특히 온라인 네트워크에의 접속은 주민 의견을 제시할 수 있게 하고, 지역문제에 대한 주민들의 관심을 고취시킴으로써 지역의식(sense of community)의 향상에도 기여하고 있는 것으로 보인다. TeleFile과 전자급부이전(EBT)은 서비스의 향상뿐만 아니라 내부적으로 문서 작업량과 행정절차를 생략해 줌으로써 비용절감의 효과를 가져왔고, 전문직 공무원들이 잡일에서 벗어나 보다 수준 높은 업무에 몰두할 수 있게 하는 효과도 가져다주었다. 특히 정보기술의 이용에 따른 정확성의 제고, 사기 및 절도의 가능성 감소, 사용자의 품위 유지에 기여하는 점들도 위의 사례들을 통해 발견된 효과들이다.

반면에 기술에 의존한 서비스 제공에 어려움이 없는 것은 아니었다. 가치 있는 내용 그리고 계속 새로운 내용의 서비스를 공급해 주어야 하는 부담이 있었으며, 많은 투자에 비해 그 결과가 효과적이지 못한 경우도 있었다. 특정 서비스에 대한 수요가 급증할 경우에는 대기시간을 요구함으로써 또 다른 불편을 야기시켰으며, 특히 기술을 이용할 준비가 되어 있지 않은 이용자들에게는 기술이 주는

효과는 가시적이지 못함을 알 수 있었다.[16]

2) 세계 정부의 전자정부 서비스 제공[17]

국가	전자화 서비스: 공급 반영	프론트 오피스 서비스 개발 제공
미 국	미국 연방정부 포털(Firstgov)과 그 하위 포털·전자정부 서비스 웹 목록	연방정부 정보, 사회보장급여, 서비스, 사회기회, 기관별협력과제 중심으로 지원
일 본	일본 전자정부 정부포털 (www.e-gov.go.jp)	온라인 민원업무, 의료정보 전산화, 구인구직 포털, 교통정보 제공
영 국	영국 전자정부 포털 사이트 (UKonline)	온라인 출생신고, 세무신고, 운전면허, 장례절차, 구직 등
프랑스	프랑스 전자정부 포털(Service public)과 그 하위포털·웹사이트설문조사	재정산업부 포털, 구인구직 포털, 사회보장 포털서비스 제공
독 일	독일 연방정부 서비스 포털 (bund.de)	정부·지방정보·서비스 제공
중 국	정부 서비스 웹사이트	상거래 및 무역, 은행업무, 과세, 공공재정

4. 전자적 행정서비스 구현전략 방법: CRM

전자적 행정서비스가 성공적으로 구현되기 위해서는 공급자의 입장보다는 서비스를 받는 대상자들의 요구가 가장 잘 반영되어야 할

---

16) 전자정부에서의 행정서비스-미국 사례와 교훈 유평준
17) 사이버정치와 e-거버넌트 오관석 인간사랑 2004

것이다. 민간 부문에서 고객의 만족도 향상과 조직의 목표인 이윤의 극대화를 적용되어 오던 방법이 CRM(Customer Relationship Management)이다. 이러한 방법이 민간 분야에서 효과적이라는 평가를 받음으로써 공공분야에서도 이에 대한 주목을 하기 시작하였다. 특히 정부의 업무절차 간소화를 바탕으로, 정보공유의 활성화와 함께 전자정부의 목표인 국민 중심적 행정서비스를 구현하는 데 CRM이 전략적 방법으로 중요해지고 있다.[18]

우리나라 전자정부는 이제 인터넷을 통해 민원을 신청하거나 열람할 수 있는 초보적인 거래처리 단계를 벗어나 고객중심의 통합 서비스 제공이 중요한 현안으로 대두되고 있다. 개별 단위업무나 기능의 정보화가 어느 정도 성숙되었기 때문에 이제는 고객의 입장에서 정부 서비스를 재구성하고, 정부 기능과 업무프로세스도 고객 가치를 위해 재정의돼야 한다.

이를 통해 고객요구에 따라 수동적으로 처리하는 서비스에서 고객의 필요를 사전에 알리고 미리 예측하고 찾아가며 이들의 참여를 촉진하는 능동형, 참여형 서비스로 발전을 도모할 때다.

지난 5월과 8월에 발표된 참여정부의 전자정부 비전과 로드맵에도 이러한 변화(shift)를 엿볼 수 있다. 이런 가운데 최근 고객 중심의 IT서비스를 구현하는 수단으로 가장 각광받는 것이 고객관리(CRM)시스템이다. CRM은 90년대 후반 민간부문에서 고객중심의 통합서비스와 고급 마케팅 전략으로 주목받아 왔다. 그리고 최근에는 정부에서도 캐나다, 미국, 일본 등 일부 선진국 정부를 중심으

---

18) 전자정부론 김성태 법문사 p.138.

로 국민과 능동적인 상호작용이 가능한 CRM기반의 정부서비스 개발이 적극 추진되고 있다. 우리나라에서도 특허청, 조달청, 정보통신부 등 일부 부처가 초보적인 CRM서비스를 제공하고 있으며, 그 외 부처도 이에 대해 높은 관심을 보이고 있다. 그리고 현재 시행되어 활발히 전자화 및 멀티화를 통해 조직관리 및 행정관리를 하고 있다. 즉 지도자로서 업무에 편의를 높이고 있는 실정이다.

5. 우리나라 전자적 행정서비스의 문제점

(1) 전자정부의 서비스 문제

행정 서비스 부문에서는 한국 전자정부가 국민에게 제공하는 서비스는 컴퓨터를 보유하고 있는 정보화된 국민을 대상으로 전개하고 있고, 서비스 전달수단도 컴퓨터를 이용한 컴퓨터 통신을 활용하는 단계이며, 서비스의 내용도 민원처리 위주에 국한되어 있어 아직은 초보적 단계에 머물러 있다. CRM을 달성하기 위해서는 다양한 채널을 통해서 서비스 접근과 편리성제공, 업무 프로세스의 효율성 제고, 투명성 제고 등으로 고객과의 관계개선을 지향해야 한다.

현재 모바일을 이용한 서비스제공을 시행하고 있기는 하지만 비용 면에서도 만만치 않을뿐더러 접근 방법에 있어서도 정보화된 국민만을 대상으로 하는 서비스이기 때문에 그렇지 못한 국민들에 대한 배려가 되어 있지 않은 실정이다. 따라서 CRM을 달성하기 위한 방안으로 주요선진국에서 실시하고 있는 콜센터의 도입을 고려해 보았다. 전화는 국민 모두가 사용하는 개체이고, 정보화되지 못한 국민들 또한 편리하게 이용할 수 있는 매체이기 때문에 전화한 통화로 민원을 해결할 수 있는 서비스 도입을 제안하는 바다.

(2) 사용의 불편과 홍보부족

전자정부 사이트에서 이용할 수 있는 서비스는 민원서비스, 정보제공, 여론수렴 등이다. 그런데 이용불편사항을 살펴본 결과 몇 가지로 요약해 볼 수 있었다. 최신기종 프린터가 등록되어 있지 않아 프린트가 되지 않는 경우, 인증서를 받는 과정이 복잡하고 까다로워서 국민들이 이해를 못하는 경우 또는 에러의 경우, 모든 시군구에서 문서열람 협조가 되는 것이 아니기 때문에 서비스제공을 하지 않는 시군구에 사는 사람들은 서비스 이용을 할 수 없는 문제점들이 있었다. 또한 행정기관 운영시간 외의 온라인발급은 되지 않는 점 등이 문제점으로 지적되었다. 이러한 문제점들은 기관들의 협조를 받아 해결할 수 있는 부분도 있지만, 사용의 편리성을 위해서 국민들의 입장에서 디자인 개편이 필요하다고 생각된다. 또한 시스템의 오류와 같은 기술적인 측면 역시 사용에 불편이 없도록 개선해야 할 것이다.

전자정부 홍보의 문제이다. 전자정부 사이트가 있어서 이 사이트에서 민원신청을 할 수 있고 정보공개를 받을 수 있으며, 온라인으로 공문서를 출력할 수 있다는 사실을 수업을 통해서 알게 되었다.

전자정부사이트 활용률을 조사한 결과 27%라고 한다. 전자정부참여광장에 가입되어 있는 회원수를 살펴보면 1339명으로 전체 인구 중에서 천만을 넘기는 숫자가 인터넷을 사용하고 있는데 그중에서 정부 참여광장에 가입되어 있는 사람이 1300여 명밖에 되지 않는다는 것은 국민들의 호응 부족보다는 홍보의 부족으로 인한 국민들이 몰라서 사용을 안 하는 것으로 생각된다. 이런 문제점들을 개선하기 위해서는 편리한 서비스이용을 위한 기술적 측면에서의 개선과 적극적인 홍보를 통한 국민들의 참여를 이끌어내야 할 것이다. 홍보에 치중하였던 노무현 정부와 그 정부의 뒤를 이어 이명박 정부는 멀티 시스템에 의한 다원주의로 접근하는 정치적, 문화적 시스템이 되어야 한다.

21세기 정보사회의 새로운 정부형태로 전자정부(EG: Electronic Government) 패러다임이 자리를 잡아가고 있다. 전자정부가 본격적으로 미래 정부의 형태로 받아들여진 것은 1993년 미국에서 클린턴 정부가 들어서면서 "국민들의 삶의 질을 향상시키고, 경제에 활력을 불어넣는 데 정보기술을 사용하고자 한다."라고 발표한 데서 시작되었다.

그러나 현 단계에서 미래의 정부형태를 의미하는 전자정부의 모습을 정확히 예측하기는 어려운 일이다. 전자정부의 개념을 정의함에 있어서는 정보기술의 이용 정도와 전자정부의 구현 목적을 중심으로 접근해야 한다는 점에 대해서는 어느 정도의 합의가 이루어진

상태이다. 그러나 이러한 전자정부의 형태는 각국의 상황에 따라 상이하게 진행되므로 개념을 구체적으로 파악하기 어려운 면이 있다. 동일한 민주주의 이념하에서도 각국의 정치제도, 정부의 기능과 구조에 차이가 있듯이, 미래의 정부형태인 전자정부 역시 국가별로 상이하리라는 점을 충분히 예상할 수 있다. 전자정부는 민주주의 정치제도의 변화, 관료제도의 변화, 정보기술의 이용, 확산 정도에 따라서 각기 다른 양태를 나타낼 수 있다는 것이다.

CEO는 기업에서 관리자로서 중요한 역할을 감당 할 수밖에 없다. 지도자의 자질이 되지 않는 사람들은 CEO 역할을 제대로 수행하지 못한다. 두산 대백과 사전을 보면 "미국 기업에서 처음 생긴 개념으로, 보통 대표이사와 같은 뜻으로 쓰인다. 대외적으로 기업을 대표하고 대내적으로는 이사회의 결의를 집행하며, 회사 업무에 관한 결정과 집행을 담당하는 등 대표이사와 유사한 지위·권한을 갖는다. CEO(Chief Executive Officer)는 한 기업에 보통 1명이 있지만, 복수의 CEO를 두는 기업도 있으며, CEO가 회장직을 겸하는 경우도 있으나 두 직책이 분리되는 경우도 있다. CEO와 회장직이 분리되어 있는 경우에는 일반적으로 회장은 단지 이사회를 주재하는 권한만을 행사하는 데 반하여 CEO는 경영 전반을 통괄한다. 따라서 기업 경영에 관한 실권은 CEO에게 있다고 할 수 있다. 진정한 CEO가 되기 위해서는 자신만의 독특한 경영철학과 경영이념, 그리고 지도력(리더십)이 있어야 한다는 것이 일반적인 견해이다. 즉 바람직한 정책과 전략을 제시해 기업의 구체적인 행동 강령을 이끌어 내고, 필요한 순간에 과감히 결단을 내릴 수 있어야만 성공적인 CEO가 될 수 있다. 그러나 기업의 모든 권한이 CEO에 집중될 경우 독재형 경영구조를 낳을 수도 있다는 점이 문제점으로 지적되기도 한다. 즉 경륜이 부족한 CEO가 기술과 사업모델 개발에서부터 재무·인사·마케팅에 관한 권한까지 독점하게 되면 객관적인 판단에 문제가 생길 수 있고, 심지어 기업 이미지에 심각한 영향을 줄 수 있는 중대한 오류까지 범하게 된다는 것이다. 따라서 2000년 이후 세계 각국의 기업들에서는 CEO의 권한을 보충 또는 견제하기 위한 차원에서 CEO와 임원들의 역할을 분담해 최고재무관리자(CFO)·최고정보보호책임자(CPO)·최고운영책임자(COO)·컨텐츠기획책임자(CCO) 등의 새로운 직책을 신설하는 등 경영구조 개편을 꾀하고 있다."[19]고 돼 있다. CEO란 기업을 지배·운영하는 경영자를 말한다. CEO는 기업의 이익을 위하여 새롭고 이질적인 것 또는 변혁을 일으키고 새로운 가치를 창조하는 경영의 천재라고 할 수 있다. CEO는 기업을 경영하는 데 망하기도 하고 흥하기도 하지만 보편적으로 인적 자원과 물적 자원, 그리고 국내외적 경제 환경 변화에 대응하는 전략적 요소를 창조해 내어 기업의 이익을 창출하는 경영의 예술가라고 정의한다. CEO에 대한 여러 가지 정의들을 보면 ① 미국의 경제학자 슘페터의 CEO 정의 창조적 파괴 과정에서 리더로서의 공헌자를 CEO로 정의하였다. 슘페터는 새로운 혁신자로서 CEO를 신제품의 발명 또는 개발, 신생산방법의 도입이나 신기술의 개발, 신시장의 개척, 신원료나 부품의 새로운 공급자, 신산업에서 새로운 조직의 형성 등을 이루는 새로운 혁신자

---

19) 두산대백과사전 최고경영자 설명

로서 CEO를 정의하였다. 이 새로운 결합이 이루어지는 공간을 기업이라고 부르며, 이를 수행하는 기능보유자를 CEO라고 지적한다. 노동자가 생산한 가치를 임금이라고 하듯이, 기업이윤을 생산에 공헌한 가치로 창출시키는 것을 CEO라고 하였다. ② 미국의 경영학자 드러커의 CEO 정의를 보면, 드러커는 자신의 저서 "혁신과 기업가정신"에서 CEO는 새롭고 이질적인 것이라고 한다. 유용한 가치를 창조해내고 있는 경영자라고 규정하고 있다. 지도자는 변혁을 일으키고 새로운 가치를 창조하지 않으면 안 된다. CEO란 변화를 탐구하고 변화에 대응하며, 도전하고 또한 변화를 기회로써 이용하는 자라고 말하고 있다. 그는 CEO의 역할이란 이윤의 극대화보다는 기회의 극대화이며, 실천하는 사명이라는 것이다.

위에서 설명한 것과 같이 21세기 지도자로서 역할을 하고 있다. 과거에는 대표이사, 사장 등이라고 소개하고 사용했으나 사회가 다변화하고 테크노화됨으로 종합적 자질 인재가 필요하여 이러한 명칭이 생긴 것이라고 할 수 있다.

그러므로 지도자는 태어나기도 하지만 만들어져야 한다고 할 수 있다. 바른 방향으로, 즉 도덕성과 인품이 겸비된 사람으로 만들어져야 할 것이다. 겉만 번지르르한 지도자가 아니라 진정한 통치력과 인품을 겸비한 사람으로 만들어져야 할 것이다.

국가가 발전하면 할수록 지도자의 역할은 더 중요하게 대두하게 된다. 사원, 국민, 시민이 바라는 목표점이 높아졌기 때문이다. 모두가 좋아하는 지도자가 필요한 것이다.

다른 말로 표현하면 슈퍼맨을 요구하는 것이다.

지도자의 자질도 중요한 역할을 하고 환경적 요인도 지도자의 역할에 큰 영향을 준다. 여러 가지가 지도자의 여건일 수 있는데 간단히 몇 가지를 설명하면 다음과 같다.

지도자로서의 위치 확보를 들 수 있다. 아무리 능력이 있고 재능이 있을지라도 그 위치를 확보하지 못하면 재능이 사장되어 버릴 수 있다. 그리고 긍정적으로 볼 수 있는 마음의 눈과, 적극성이 있어야 한다. 능력 있는 지도자가 부정적인 가치관과 생각을 가지고 있다면 그 조직에 있는 대다수의 사람들은 부정적인 것에 물들어 매사에 부정적일 수밖에 없다.

성실한 행동 원칙과 신의 성실이 있어야 한다. 가장 작은 조직에서부터 큰 조직에 이르기까지 신의 성실은 중요한 행동 요령인 것이다. 작은 일에 신의가 없는 사람은 큰일에도 신의가 없게 된다.

명령을 명령답게 하지 말고 스스로 따라올 수밖에 없는 권위 있어야 한다. 그의 인품에서 흘러나오는 권위가 정당하여야 한다. 작은 일을 시키더라도 합리성과 타당성이 있도록 하여야 한다.

지도자는 다른 직원 앞에서 지나친 과찬이나 모욕은 금물이다. 작은 일이 앙금이 되어 지도력을 펼치기가 곤란할 수도 있다.

지도자는 전체를 파악하여 조정할 수 있는 능력이 있어야 한다. 즉 전체를 조망할 줄 알아야 한다.

크게 보고 높게 볼 수 있는 넓은 시야를 가져야 한다.

편협된 사고에 의한 주시가 아니라 폭넓은 시야로 객관적으로 보고 넓게 볼 수 있어야 한다는 것이다.

아래부하에 대한 관심과 자기 자신에 대한 냉철한 분석력을 갖고 있어야 한다. 남을 판단하고 분석하기 위해서는 자기 자신을 먼저 분석하고 판단할 수 있는 능력이 있어야 한다는 것이다.

지도자는 비전과 목표설정 사랑과 겸손이 있어야 한다. 남을 살리는 마음을 갖고 한 사람 한 사람을 소중히 여기며 인격적으로 존중할 수 있는 사람이어야 한다.

지도자는 겸손하여야 하며 남의 의견을 들어준 넓은귀가 있어야 한다. 그리고 낙관적인 마음을 갖고 있어야 한다.

지도자는 온유한 마음과 성품을 가지고 있어야 한다.

20세기 이전에는 카리스마적인 지도력과, 권위적인 지도자가 인기 있었다면 21세기 지도자는 온유하면서도 상대의 마음을 녹일 수 있고 조언과 지도를 해 줄 수 있는 사람이어야 한다.

참으로 강한 지도자만이 온유할 수 있다는 사실을 알아야 한다. 내부적으로 무엇인가가 차 있는 자는 불안하지가 않다.

지도자는 고정관념에 사로잡히거나 관습에 억매이지가 않다. 자유롭고 힘이 있고 존경심이 있는 존재이다.

지도자는 용서할 수 있고 포용할 수 있는 사람이어야 한다. 적을 적으로 인정하지 않고 그들을 변화시켜 나의 편으로 만들 수 있는 사람이기에 포용성이 있다는 것이다.

지도자는 판단력을 세울 때 남들보다 앞서야 한다. 먼저 생각하고 먼저 선택하고, 먼저 실행에 옮기는 사람이어야 한다.

남들 뒤만 따라가는 사람은 즉 뒷북치는 사람은 지도자의 자질이 없는 사람인 것이다.

지도자는 독재, 위선, 속임수, 아부, 허세, 감언이설, 책략, 아첨 등을 구분할 수 있어야 한다. 그리고 서로 비판하거나, 서로 해치는 일, 서로 거짓말하는 일, 서로 원망하는 일을 하여서는 안 된다. 권력, 명예, 돈 ,섹스에 조심하여야 한다. 높은 자리에 올라갈수록 이러한 유혹이 많고, 이것을 물리칠 수 있는 용기 또한 필요한 것이다.

지도자의 특징을 알기 쉽게 요약하면 다음과 같다.

가. 법적인 측면에서 바라본 입장

① 법적인 정의를 실현하는 사람이어야 한다.

② 자주성과 존중을 할 줄 아는 사람이어야 한다: 자주성과 민주성을 존중하고 개인적인 전 인격체를 인정할 줄 아는 사람이 되어야 한다.

③ 평등하게 대우하는 사람이어야 한다: 남녀평등에서부터 직위평등, 교육평등, 사회평등을 알고 실행하는 사람이어야 한다.

④ 중간입장에서 극단적이지 않아야 한다. 특정한 사람만을 편드는 것은 조직을 와해시키게 된다.

나. 운영 면에서 본 입장

① 민주성: 참여하는 민의 반영하는 지도자가 진정한 지도자이며 오래 갈수가 있다.

② 타당성(=합목적성): 누가 보더라도 타당하며 수긍할 수 있어야 한다. 아집과 편협함으로 지도하는 것은 바람직하지 않다.

③ 능률성(경제성): 최소의 비용으로 최대의 효과를 올리듯이 경제성 있는 지도력과 실천이 중요하다.

④ 효율성: 업무의 효율적인 분배와 명령이 필요하다. 혼자 모든 일을 하려고 하지 말고 함께 더불어 만들어 가는 마음이 중요하다. 그러므로 모두가 자부심을 갖고 책임감을 갖게 되어 일 처리가 더욱 잘될 수 있다.

⑤ 융통성: 폐쇄적이지 않고 시대에 맞게 융통성 있게 적용시킬 수 있는 열린 마음이 필요하다.

⑥ 일관성: 자주 번복하거나 취소하여 신뢰를 잃어버리면 안 된다. 일관성 있게 일을 추진하여야 한다.

⑦ 기대치: 기대치를 조직의 상황과 여건에 맞추어야 한다.

지도자는 태어나는 것이 아니라 만들어지는 것이다. 상황과 환경에 의하여 만들어지는 것이다. 개인적 능력이 가미되어 지도성을 발휘하게 되고 성공으로 이끌 수 있는 모티브가 된다.

지도자는 Noblesse Oblige라고 요약되는 지도층의 솔선수범이다. 전쟁이 나면 지도층이 가장 위험한 전선에 나가서 먼저 싸우고, 위험이 생기면 어린이와 여성 그리고 노약자를 먼저 보호하는 전통을 세운나라가 강한 힘을 갖는다. 고참은 편안히 앉아서 신참에게 모든 궂은일을 지키는 조직을 일컬어 사회조직론에서는 하등의 조직력을 가지고 있다고 한다. 지도층의 자기희생과 솔선수범이 있을 때, 국민과 조직의 역량을 모을 수 있는 힘이 생기는 것이다. 신념과 절절한 마음으로 호소할 때 모두가 한 마음이 될 수 있는 것이다. 이렇게 본다면 리더십의 본질은 때에 따라 변하는 것이 아니라 일관된 것이다. 교묘한 것이 아니라 단순한 것이다. 천진난만함이 나의 참스승(天眞爛漫 是我本師)이라는 말과 같이 순진하고 열린 마음으로 사물을 관조함으로써 얻을 수 있는 힘이다. 원칙과 기본을 세우고, 이를 지키는 것이며, 무엇보다도 정직한 지도자인 것이다.

로버트 칼츠(Robert L.Katz)는 지도자는 경영에서 과업을 수행하는 과정 적어도 세 가지 기술이 필요하다고 말하고 있다. 즉 사무직 기술(technical skill), 인간관계 기술(human skill), 그리고 착상적 또는 전체 파악적 기술(conceptual skill)이 필요한데 이를 삼기술적 접근(three-skill approach)이라고 구분하여 설명하고 있다.

우선 사무적 기술(technical skill)은 교육경영자가 자신이 맡은 직무를 수행하는 데 필요한 방법, 과정, 절차, 기법을 이해하고 활용할 수 있는 능력을 말한다.

인간관계 기술(human skill)은 조직 구성원들의 활동을 자극하고 동기를 유발하는 능력을 말한다.

착상적 또는 전체 파악적 기술(conceptual skill)은 종합적 기술이라고도 해석되는 것으로써 조직을 전체로 파악할 수 있는 능력이다. 조직의 각 부분들이 서로 어떤 관계에 있고 어떠한 영향을 주고받는지 직무의 계획, 집행, 형가의 과정들이 어떻게 연결되어 있는지를 이해할 수 있는 능력을 말한다. 지도자들에게는 현업중심의 사무적 기술(Technical Skill)이 중시되지만 직위가 상승함에 따라 경영자가 되었을 때에는 전체적 기술(Conceptual Skill)이 더욱 필요하게 되며, 지도자를 막론하고 인간관계 기술(Human Skill)은 언제나 필요하다. 경영자에게 전체적 기술(Conceptual Skill)이 중시되는 이유는 무엇일까? 이미 미래는 경영비전을 확립하고, 전략적 포지셔닝을 구축해 가는 지도자의 미래 지향적 능력과 리더십에 달려 있기 때문이다.

사람도 성장해 감에 따라 나이에 걸맞은 행동과 말을 하여야 하며 그에 대한 책임을 져야 한다고 한다. 살아 있는 유기체로서 조직 또한 그 구성원들이 그 직위와 직책에 맞는 능력과 권한 그리고 책임을 가질 때 성장할 수 있을 것이다.[20]

변화의 선도자로서 변화의 방향을 제시하고 조직 구성원들이 자발적으로 변화에 동참하도록 해야 한다. 이러한 역할을 제대로 수행하는 데 필요한 것이 상징적 지도성과 문화적 지도성이다. 상징적 지도상은 학교 구성원들의 관심을 학교의 가장 중요한 일에 집중시키는 능력이다. 이것은 구성원들의 행동에 방향감을 제시하고 행동의 의미를 일깨워 줌으로써 더욱더 직무에 헌신하도록 해 준다.

문화적 지도성은 조직에서 전통적으로 내려오는 가치, 신념을 강화하고 명료하게 해주는 능력을 말한다. 조직의 목표와 사명을 분명히 하고 이것을 구성원들이 공유하게 함으로써 이들의 정체감을 함양시키는 것이다. 이 두 지도성은 조직의 문화를 만들고 유지하고 확산시키는 능력으로 느슨하게 결합된 체제의 특성을 가진 조직의 경영에 필요한 지도성이다. 지도성의 본질은 조직구성원에 대한 영향력을 말한다. 지도자는 나름대로 영향력을 행사할 수 있는 기반을

---

20) http://cafe.naver.com/couplecounsel.cafe

가지고 있다. 그렇기 때문에 처신 하나 하나가 주시의 대상이 된다.

경영자는 자신들이 가지고 있는 권력에 근거해서 구성원들에게 영향력을 행사한다. 이것은 구성원들이 가지고 있는 가치, 신념, 문화가 동질적일 때 가능하다. 건강한 조직은 지도자들에게서 단독의 힘으로는 만들어질 수 없다. 열린 경영에서의 지도성은 headship이 아니라 teamship이 되어야 한다.

어떤 의미에서 지도자의 지도성이란 절대가치가 아닌 상황이론이라고 볼 수 있다. 전통에 억매이지 않고 새로운 변화에 둔감하고 수구에 불필요한 시간과 노력을 낭비하지 않는 지도자가 되어야 할 것이다.

사회 각 분야에서 CEO의 역할은 마치 오케스트라의 지휘자와 같이 제반의 요소들을 효과적으로 결합, 아름다운 화음(조직목표달성)을 내는 데 있다 할 수 있으며 지도성은 조직의 성패를 좌우한다 해도 과언이 아니다. 리더십은 구태의연한 관리와 통제의 개념에서 벗어나야 한다. 지도자는 높은 이상과 자신감의 소유자로서 새로운 비전을 제시하고 인간적 가치를 존중함에 솔선수범을 보여야 한다.

지금까지의 조직 지도자는 수직적이고 권위의식의 바탕에서 통제와 관행으로 일관, 조직원들의 참여가 힘들었다. 솔직히 말해서 원활한 의견 수렴을 통한 계획과 업무 처리에 미숙한 점이 있어 왔음을 부인할 수는 없다. 이에 일부 임원들은 지도자의 권위를 의도적으로 인정치 않아 상호간에 신뢰와 존경심이 생길 여유가 없었다. 그리고 일부 지도자의 관료적 태도와 전문성 결여 등이 지도자의 권위를 무너뜨리는 원인이 되고 있다. 더더욱 사회 곳곳에 만연해 있는 부정부패가 지도자로 하여금 일에 대한 사명감과 긍지를 떨어뜨렸고 이런 자신감의 결여 또한 오늘날 현장에서의 지도자의 지도력 약화의 큰 원인이 되었다.

이와 같이 약화되어 가는 지도성을 강화하기 위해서는 먼저, 목표의 설정에서 목표 달성에 이루기까지 경영의 모든 과정과 영역에 대해 적극적이고 총체적인 지도성을 발휘해야 한다. 그리고 직원들의 자율적 의사결정 능력 및 역할을 존중하고 운영위원회의 관계를 발전적으로 형성하는 자율적 지도성을 발휘하여야 한다.

원만한 인간관계 조성

지도자가 경영을 효과적으로 하려면 인간관계뿐만 아니고 여러 관련 인사나 단체 및 기관과의 인간관계를 원만하게 유지해야 한다. 구성원 간의 인간관계가 자연스럽지 못하면 구성원 상호간의 결합력은 약화될 것이고 이에 따라 성과 달성에도 악영향을 미치기 쉽다. 상호불신과 상호 이해 부족, 대화부족, 극심한 세대 차 등의 요인이 오늘날 구성원 간의 복잡하고 미묘한 관계를 초래했고 이런 인간관계의 난맥현상은 심화되어 가는 추세이다. 한편으로 정년단축의 무리한 강행이 조직의 극심한 연령별 편포 현상을 야기하였고, 직원 간의 불편한 관계의 원인이 될 수도 있다.

경영은 구성원 간의 협력적 관계를 그 본질로 하므로 구성원 사이에 좋은 인간관계는 효과적인 일 수행을 위하여 필수적 조건이다.

어느 조직에서나 그렇듯이 사회에서도 동료 간의 인간관계가 좋아야 생활이 즐겁고 그 성과도 높아진다.

좋은 인간관계의 잘못은 일단 내 탓으로 돌리고 잘된 일은 그 공을 다른 사람에게 돌리는 겸손의 지혜가 필요하다. 우리사회에 만연되어 있는 지연, 학연 등의 패거리 풍토가 사회에서도 종종 볼 수 있다. 사심을 갖게 되면 상대가 불안을 느끼고 불신하게 됨으로 전체 분위기가 흐려질 수 있다. 동료 직원을 대할 때 그 상대의 좋은 점을 찾아내어 격려할 때 동료 상호간 신뢰의 분위기가 조성될 것이다.

내실 있는 자율성 추진

직원들의 상호 이해와 협력을 기초로 하여 사회활동 개선에 활용할 수 있는 유용한 지식, 기술, 정보, 경험, 아이디어, 도움, 조언 등을 나누어 갖는 활동이다. 즉 자율성 신장을 통하여 지도력을 펼친다는 것이다. 이는 직장인들의 전문성과 자율성 제고를 통해 성과를 신장시켜 직장인들의 직업 적응력을 향상시키며 업무의 효과를 높이는 데 그 목적이 있다 할 수 있다.

안타깝게도 많은 지도자들은 현실적인 바로 눈앞의 욕심과 성과에 눈이 어두워 기술을 향상시키고자 하는 의지가 부족하다. 본질적 내용보다는 의례적이고 형식적인 경우로 직원을 대하며 의욕을 높이기보다는 통치의 방법으로만 치리해 왔다.

즉 지도자의 의식개혁과 개선이 활성화되어야 한다.

직장인들에게 모든 일에 자율과 책임을 부여하여 적절한 형태를 선택할 기회를 부여하고, 운영단계에서는 가치관정립, 동료격려, 자기컨트롤, 자체연수를 적절히 활용하여 다양한 형태의 의식교육을 실시하고, 원활한 feedback을 활용해야 한다. 기존의 관료제적 지도력에서 탈피하여 민주적, 전문적 환경을 정착시켜야 한다. 민주적이고 전문적 지도력은 직장생활의 주된 참여자인 직원과 지도자 간의 신뢰를 바탕으로 그들의 능력과 사기를 증진시킬 때 이루어질 수 있다. 성공하는 지도자일수록 임상지도로 전환되어야 하고 보다 더 임상지도자 활동이 활성화될 수 있도록 행정의 자율성이 더욱 확대되어야 한다. 지도자는 현장에서 자율을 잘 활용하는 사람이어야 한다. 이는 곧 ⇒계획⇒실행⇒평가의 전체과정에 강력하고 직접적인 지도성과 영향력을 발휘해야 한다.

변혁 지도성과 경영

변혁적 리더십이란 변화를 창출하고 관리하는 적극적 리더십을 일컫는다. 즉 다원적인 지도자라는 것이다. 세계가 빠르게 변화하고 있는데 지도자가 변화하지 않으면 어떻게 되겠는가? 선진국들이 새로운 아이템으로 무섭게 적응하여 가고 있는데 우리 경영 실정이 이보다 앞서서 가지 않으면 어떻게 되겠는가?

피터 드러커는 '변화리더의 조건'이라는 책에서 "우리가 미래를 예측하고 대비하기 위해 노력하는 목적은 내일 해야 할 일을 결정하기 위해서가 아니라 내일을 만들기 위해 오늘 해야 할 일을 결정하기 위해서"라고 하였다. 이러한 의미에서 변혁적 리더십이란 변화를 수동적으로 기다리고 대응하려는 것이 아니라 적극적으로 변화의 계기를 만들기 위하여 노력하는 지도력이라고 할 수 있다.

현실에 안주하고 있으면 절대로 변혁적 리더가 될 수 없다. 흐르는 물을 거슬러 올라가는 물고기는 살아 있는 물고기이지만 흐르는 물에 흘러가거나 떠내려가는 물고기는 죽은 물고기인 것이다.

변혁적 리더십을 구성하는 덕목은 비전능력, 변화창출능력, 위기관리능력이다. 어느 누구도 변화를 정확하게 예측할 수 없다. 예측은 항상 틀리게 되어 있다. 그리고 세계는 예측한 대로 움직이지 않는다. 때로는 반대로 가기도 한다. 비전의 가치는 그 예측의 정확성에 있는 것이 아니라 변화하는 방향의 제시에 있는 것이다. 비전은 미래에 대한 지식의 획득에서 출발한다. 미래의 지식은 시간과 공간의 압축에서 얻을 수 있다. 시간적으로 미래는 현재에 그 자태를 흘리고 있다, '오동나무 한 잎이 떨어지는 것을 보고 가을이 멀지 않았음을 안다'는 옛 현인들의 가르침과 같다. 하나를 보면 열을 안다는 것과 같이 작은 것 하나를 보고 그 다음을 안다는 것이다. 그리고 비전은 현실을 깊이 성찰함으로써 얻을 수 있다. 현실을 지시하면 무엇을 해결하여야 하는가에 대한 대답을 얻을 수 있다. 자아인식인 것이며 현실 직관을 말한다. 현실을 있는 그대로 보고 분석할 줄 알며, 해결하며 극복할 수 있는 능력을 말한다. 시간과 공간의 압축을 통해서 얻는 안목은 상황의 비전이다. 현실에 대한 성찰로부터 얻는 비전은 의지의 비전이며, 꿈이며 실현하지 않으면 안 되겠다는 간절한 소망의 비전이다. 지금 나의 자리를 알고 있어야 분석이 가능하며 더 나아가서 어떻게 대응하여야 하는지를 알 수 있게 되는 것이다.

변혁리더십에서 또 중요한 것은 변화창출능력이다. 변화는 기다

리는 것이 아니라 만들어 나가는 것이며, 비전은 가지고 있는 것이
아니라 실천해나가야 하는 것이다. 즉 지도자는 만들어지는 것과
같은 이치인 것이다. 여성도 태어나는 것이 아니라 만들어지는 것
이라고 말한 정덕희 교수의 말과 같다.

성공하는 지도자는 인재 활용을 잘한다. 적재적소의 인사 원칙이
바로 전략의 첫걸음이다. 역사적으로 조선왕조, 중국의 삼국지 등을
통해 볼 때 인재를 잘못 써서 패가망신 된 지도자가 얼마나 많았
던가, 인재는 그 조직을 살리기도 하고 무너뜨리기도 한다.

변화창출능력에서 또 중요한 요소는 조직 활용능력이다. 조직원
들의 창의력과 적극성을 최대한 활용하는 것이 조직 운용능력이다.
사람이 조직을 움직여야 하며, 조직이 사람을 움직이도록 하여서는
안 된다. 마음 놓고 일할 수 있는 분위기를 만드는 것이 일을 질적
(質的)으로 우수하게 하는 길이다. 이를 통하여 조직이 CEO와 비
전을 공유하며 움직이는가를 점검하여야 하는 것이다. 핵심 사항은
CEO가 직접 나서서 확인하며 나머지는 과감한 권한의 이양을 통
하여 소신껏 일할 수 있도록 해주어야 한다. 이것이 리더십의 조직
활용 능력이다. 모든 것을 지도자 혼자서 해결하려고 하지 말라,
권한의 이양으로부터 조직은 책임감과 긍지를 가지게 된다. 함께
만드는 조직이 되어야 한다.

'나 없으면 모든 일이 제대로 안 이루어진다'는 착각을 버려야
한다. 당신이 없어도 그 조직은 움직이고, 당신이 없어도 일은 처
리된다. 그렇기 때문에 지나친 집착으로 자기만의 틀에 모두를 가
두어 두면 직원들 모두가 스트레스를 받고 일에 흥미를 갖지 못한

다. 자율과 책임을 주어야 한다.

변화창출능력에는 타이밍을 잡는 안목이 있어야 한다. 그래서 타이밍을 이야기할 때에 일반적으로 너무 빠르지도 않고 너무 느리지도 않은 적절한 시점을 강조한다. 조직의 속도에 맞추어야 한다. 다른 조직과 비교하여 지나치게 빨리 갈 필요는 없다. 그렇다고 해서 느릿느릿 가는 것도 문제이다. 조직원들의 수준에 맞추어 속도를 조절하여야 한다.

다가오는 미래의 조직과 지도자의 모습은 어떤 형태일까? 그런 미래의 조직에서 살아남으려면 지도자는 어떤 모습을 지녀야 할 것인가? 정년단축과 직장 위기감이 나날이 짙어지면서 가뜩이나 풀이 죽은 직원들의 기(氣)는 나날이 떨어져만 가고 있다. 지도자가 직원이었을 때 많은 것을 희생하면서 일에 몰두해 왔건만 그 결과는 어떠했는가, 지금 직원들은 어떠한가, 대입하고 분석해 보라.

옛날에는 직장일 힘들어도 이를 악물고 버티어 왔건만 지도자가 된 지금에는 세상이 뒤집어져 지도자 노릇하기가 더 힘들다고 푸념들이 여기저기서 들린다.

지도자들이 부하직원들 눈치 보느라 정신이 없다는 소문을 듣게 된다. 직원들 비위 맞추느라 마음고생을 해야 된다는 것이다. 요즘 신세대 직장인들은 눈치는커녕 오히려 더 당당하게 행동하는 것을 종종 보게 된다.

우선 이 철저한 생존경쟁에서 살아남으려면 미래의 모습을 파악하는 것이 필요하다. 찰스 그랜섬은 「The Future Work」이라는 책에서 ① 근무환경은 '집권적 환경'에서 시간, 공장, 업무영역에 구애

받지 않은 글로벌 공동체가 필요로 하는 '분산식 대체근무환경'으로 바뀐다고 한다. 쉽게 이야기하자면 상사의 권의를 누릴 만한 장소가 없어진다는 말이다 ② 조직모델은 지금까지 우리가 익숙하게 몸담아 왔던 피라밋식 모델이 '네트워크 모델'로 탈바꿈하게 된다. 다원적으로 바뀐다는 것이다.

지금의 형태는 벤치마킹하거나 만들고자 하는 '표준모델'이 있지만 앞으로는 표준이 없고 단지 고객의 주문에 따라 작업이 이루어지므로 지속적인 '변형'이 불가피하다는 것이다. 모든 과정에서 정해진 모델이나 정해진 결과가 없으므로 창조적 개인의 소신을 필요로 한다. 이러한 환영받는 관리자가 되기 위해서 해야 할 일은 무엇인가?

미래조직의 관리자가 되기 위해서는 권력형 리더십에서 벗어나 매력형 리더십을 갖추어야 한다. 매력형 리더가 되기 위해서 필요한 것은 'High Support'와 'Low Control'뿐이다. 이를 실천하기 위해서는 잔소리 말고 내말대로 해라는 권위에 의한 압력이 없어야 하고, "언제나 그 모양 그 꼴이야" "도대체 발전이 없어" 등의 Negative한 표현을 쓰지 말아야 한다. 그래서 포용력이 넓고, 미래지향적이면서 구성원들이 납득할 수 있는 지시를 내리는 '인간적인 신뢰'를 갖춘 관리자가 각광을 받게 된다. 또한 조직이 원하는 방향과 구성원들이 원하는 방향을 최대한 근접시키기 위해서는 구성원들의 정신적 만족감을 채워주려고 노력하는 지도자가 대접을 받게 된다.

직원들의 말을 많이 들어주어야 한다. 구성원들의 말을 듣는 방법에는 건성으로 듣는 Hearing수준이나 내 기준으로 판단하여 내

입장에서 수정해서 듣는 Listening수준을 벗어나, 상대방 입장을 가슴으로 이해하면서 들어주는 수준이 되어야 한다.

구성원들의 개성과 잠재력을 '발휘'하게 하여야 한다. 본래 교육의 본뜻은 "끌어내는 것"에 있듯이 구성원들의 잠재력과 좋은 점을 끌어내어 키워주는 데 있다. 직원들 교육을 시켜서라도 잠재력을 끌어내 주어야 한다.

조직구성원들이 자신만의 스타일로 활동을 추진하는 자리에 설 수 있도록 만들어 주어야 한다.

구성원들과 많은 의사소통이 가능하도록 해 주어야 한다.

미래의 불확실한 조직 환경에서 살아남기 위해서 미래의 리더들이 준비해야 할 것으로 '존워크'는 다음의 5가지를 제시하고 있다.

① 직장 내에서의 '다양성'을 이해하고 비전을 제시할 수 있어야 한다.

② 기업문화와 근무환경을 '개선 또는 향상'시킬 수 있는 비전을 제시할 수 있어야 한다.

③ 기존과는 '뭔가 다른'채용방식과 커뮤니케이션방식을 도입해야 한다.

④ 학력별, 성별 등이 다양한 노동력을 '100% 활용'할 수 있어야 한다.

⑤ 개인의 생산성과 성과를 조직 '전체와 연계'를 시킬 수 있어야 하는 등 색다른 능력을 요구하고 있다.

미래의 지도자가 가져야 할 진정한 리더십은 "다양한 배경과 관

심을 가진 구성원들을 조직의 업무에 참여시키고, 그들이 능력을
발휘하게 함으로써 개인과 조직의 목표를 달성하게끔 공정한 기회
를 어떻게 제공"하느냐에 달려 있다고 본다.

CEO로서 지도자가 갖추어야 할 변혁적 지도성

21세기는 변화와 혁신을 요구하며 물밀 듯이 밀려오고 있다. 이
러한 새로운 환경은 지도성의 전통적 가치 못지않게 새로운 지도성
을 요구하고 있다. 과거의 조화 지향적 지도성과 권위주의적인 지
도성만으로는 새 시대의 빠른 흐름에 맞추기 힘들고 자칫 지도성
발휘가 어렵다는 판단 아래 지식기반사회에 알맞은 CEO로서 변화
주도적 지도성과 조직원의 참여 촉진형 지도성이 대두되기 시작한
것은 필연적 현상이다.

어느 실리콘 밸리의 CEO는 "오직 편집증 환자만이 정상의 자리
에서 살아남는다"는 유명한 조언을 하고 있다.

CEO로서 지도자는 인격완성의 표본으로서 직원들에게 비춰져야
한다. 구성원들은 그들의 지도자가 정직하고 신의가 있으며 남을
위해 봉사하고 헌신할 수 있는 사람이기를 원하며 이런 리더를 추
종한다. 지도자는 도덕적으로나 법률적으로나 결함이 없어야만 그
지도력을 극대화할 수 있다. 그리고 CEO로서 지도자는 기본적으로
자신의 운영과 관련된 모든 지식을 갖추고 있어야 한다. 물론 아무
도 CEO로서 지도자가 직장의 모든 일에 일일이 아는 척하고 간섭
하길 원하진 않는다. 그러나 최소한 CEO로서 지도자는 직장에서
간과되고 있는 문제와 기회들, 그리고 속임수들을 포착할 수 있는

안목이 있어야 한다.

권한을 위임하는 지도자이어야 한다.

지도자가 모든 것을 통제하고 직업 문제에 대한 모든 답을 내야 한다고 생각해서는 안 된다. 직장의 모든 일에 관여하려다 보니 직원들에게 엄청난 스트레스를 주고, 지도자 스스로도 엄청난 스트레스를 받게 될 수도 있다. CEO로서 지도자는 어떤 때는 부모와 비슷한 역할을 해야 한다. 지도자는 중요한 일들을 직원들에게 위임할 수 있어야 한다. 중요한 것은 일을 맡겼을 때 맡겨진 일이 잘 수행되고 있는지 주의 깊게 관찰해야 한다는 것이다.

CEO로서 지도자는 배의 선장처럼 자신의 결정에 대해 모든 책임을 져야 한다.

자신의 결정이 틀릴 것을 두려워 자신의 권한 밖으로 밀어내는 것은 비겁한 짓이다. 지도자는 자기관리 능력이 있어야 한다. 직원들의 업무추진 일정을 철저하게 관리하고, 본인의 경제력을 향상시키기 위해 부단히 전문 지식을 축적해 가야 한다.

공부하는 사람이어야 한다. 무엇인가 연구하고 공부하고 최선을 찾아가는 모습을 보여 줄때 모든 사람이 존경을 하게 된다.

그렇다고 해서 자기가 먼저 알고 깊이 알고 있다고 해서 남을 무시하거나 비판적이 되어서는 안 된다. 높은 사람들과도 친밀하되 낮은 사람들과도 어울리는 멋진 모습을 보여 줘야 한다. 같은 레벨의 사람들만 만나지 말라는 것이다.

그리고 세심하면서 따뜻해야 한다. 필자는 고려대학교 대학원 다니면서 훌륭하신 은사(김동규 교수님)를 만났다. 필자가 많은 사람을 만나고, 많은 교수님들을 만났지만 대부분 방문하거나 찾아가면 교수님들께서 하던 일을 계속하면서 간단히 "잠시 악수만 하고 기다리라고 하거나 컴퓨터 작업하느라고 사람을 그 자리에 앉혀 놓는 사람들이 많았다" 그런데 그 은사님은 나이 어린 학생이 찾아가도 하던 일을 멈추고 소파에 앉아(앉을 때도 사무적으로 마주보고 앉는 것이 아니라 바로 옆에 앉음) 이것저것 물으시며 다정한 모습으로 이야기를 나누어 주셨다. 그분이 시간이 남아돌아서 그런 것이 아니라는 것을 차후에 알았다. 늘 바쁘시고, 프로젝트와, 보직 일에 바쁘셨는데 사람을 존중하는 그 성품으로 한 사람 한 사람을 친절히 대해 주셨던 것이다. 그것이 곧 참된 리더십인 것이다. 모든 학생들과 교직원들이 좋아하고 따랐다. 리더는 글자 하나 더 가르치고, 업무능력 하나 더 잘하는 것이 문제가 아니라 그 삶에서 품어져 나오는 인간 존중의 행동이 있어야 한다.

CEO로서 지도자는 배의 선장처럼 자신의 결정에 대해 모든 책임을 져야 한다. 자신의 결정이 틀릴 것을 두려워 자신의 권한 밖으로 밀어내는 것은 비겁한 짓이다.

지도자는 앞으로 무슨 일을 해야 할지 분석하고 결정하는 것은 어려운 일이 아니다. 진짜 어려운 일은 결정이 내려진 뒤 그 결정이 수행될 수 있도록 모든 장애물을 극복하는 것이라 할 수 있다.

어려운 결정을 내리는 것만으로 CEO로서 지도자의 책임이 끝나는 것은 결코 아니다. CEO로서 내려진 결정대로 일이 추진될 수 있도록 정지돼 있던 조직을 움직이고 돌려야 한다. 조직이 움직이기 시작하면 중간에 장애물들과 마찰력에 의해 조직의 운동량이 감소하지 않도록 주의해야 하는 것도 지도자가 할 일이다.

성품도 중요하다는 사실을 잊지 말아야 한다.

지도자에게 있어서 가장 중요한 것 두 가지는, ① 지도자 자신에 대해 아는 것이고 ② 조직 구성원들에 대해 아는 것이다. 구성원들에 대해 안다면 구성원들을 움직이게 할 수 있다. 하지만 구성원들에 대해서만 알고 자신에 대해서 모든 진실한 모습을 보이지 못한다면 사람들은 그를 따르기를 꺼리게 될 것이다.

단기적인 성공은 모든 종류의 사람들이 성공을 거둘 수 있다. 하지만 장기적인 성공에 대해 말한다면 대개 윤리적인 사람들이 성공을 거두게 된다. 자신이 속한 조직에서 누가 리더이냐고 묻는다면 사람들은 가장 커다란 집을 가진 사람이 아닌, 가장 높은 도덕성과 윤리 의식을 갖춘 사람을 가리키게 될 것이다.

CEO로서 지도자의 성품은 조직의 성격까지 결정짓는 중요한 요소가 된다. 엔론(Enron)스캔들에서도 볼 수 있듯이 지도층의 비윤리적 행동은 전세계에서 가장 거대한 조직이라도 위기를 몰아넣을 수 있다. 단기적인 성공을 위해 도덕성을 버린다면, 단기간의 성공은 거둘 수 있을지 몰라도, 장기적으로는 재앙을 부를 수도 있다. 진정한 지도자는 도덕성에 가치를 두어야 한다. 길게는 그 도덕적 사람이 큰 지도자가 되는 것이다.

CEO로서 지도자는 조직원과 함께 비전을 공유할 수 있는 능력을 가져야 한다. 어떤 의미에서 지도자와 그들 구성원 사이는 비전의 제시에서부터 조직의 목표달성이 시작된다고 본다. 지도성이란 결국 조직의 방향을 결정하는 일과 조직을 결정된 방향으로 이끌어 가는 일로 양분할 수 있는데, 이때 조직의 방향이 바로 이 비전인 것이다. 지도자의 비전 제시는 조직과 조직원들에게 그들이 업무추진 방향을 결정하고 최고의 성과를 가져오는 활동에 전념할 수 있도록 만드는 원천이 되기 때문이다.

지금 세상에 대해 아무리 불평, 불만이 많더라도, 보다 큰 관점에서 본다면, 지금이 100년 전보다 훨씬 살기 좋아진 것은 사실이다. 앞으로도 마찬가지일 것이다.

지금은 불만스럽더라도 앞으로 50년이나 100년 뒤에는 훨씬 나아질 것이다. 사람이 희망적이지 못한다면 CEO로서 지도자가 될 생각을 버려야 한다. CEO로서 지도자는 항상 내일, 다음 주, 다음 달, 내년, 혹은 10년 후에 좋아질 것이라는 희망을 버려서는 결코 안 된다. 희망은 죽은 나무에 라일락을 피울 수 있는 힘이 있다. 살아 있지 않은 것에 생명을 불어 일으키게 하는 것이 희망인 것이다.

스티븐 코비의 「성공하는 사람들의 일곱 가지 습관」에서 누누이 강조하는 사항도 "중요한 일부터 먼저 하라"는 것이다.

지도자는 대개 급하게 생각되는 부분을 먼저 하고 중요하나 급하지 않은 사항을 나중에 하는 습관을 가지고 있다. 지금은 정보화 시대이다. 정보기술은 몇 개월을 간격으로 차원이 다르게 발전하고 있다. 뒤늦게 업무를 시행하면 차라리 아니함만 못한 이유는 이미 기술적 환경이 달라졌기 때문이다. 타이밍을 맞출 줄 아는 능력은 리더의 직관력과 판단력에 있다.

지도자는 작은 일과 큰일을 구분할 줄 아는 능력, 그리고 직관을 통하여 감(感)을 잡으면 승부를 걸 줄 아는 기백을 갖추어야만 타이밍의 리더십을 발휘할 수 있는 것이다.

소프트웨어의 황제 빌 게이츠도 성공의 뒤에는 항상 위기가 찾아온다는 말을 자주 했다고 한다. 리더십은 대부분 위기 속(in a crisis)에서 드러난다. 그 위기를 극복하는 지혜와 능력이 있어야 한다. 과거 영웅은 난세에 나타난다고 하듯이 말이다.

아테네의 철학자 소크라테스는 다른 아테네의 현자들보다 자신이 더 지혜로운 것은 자신은 자신이 무엇을 모르고 있는지를 알고 있지만 다른 현자들은 자신이 무엇을 모르고 있는지를 모르고 있다는 사실에서 찾았다. 있는 사실 그대로의 자신을 바로 알고 행동한다는 것, 자신의 무지를 인정할 줄 아는 솔직담백함은 정말 인간다운 신뢰의 리더십의 첫걸음인 것이다.

또 신속하고 정확한 의사결정능력의 리더의 중요한 요소이며, 그와 같은 능력을 위해서는 훌륭한 참모들을 주위에 많이 두어야 한다. 인간은 혼자서 살아갈 수 없다. 상호 인간관계 속에서 살아가는 것이기에 인간관계를 잘하여야 한다.

잭 웰치는 어머니를 자신의 리더십 교사라고 하면서, 어머니의 이웃에 대한 조건 없는 사랑과 성취에 대한 매우 엄격한 기준(My mother did run the neighborhood……taught me about unconditional love and ...set very tough standards for achievement.)을 가지고 자신을 가르쳤다고 했다. 그리하여 그는 혼자로서는 사업에서 절대 성공할 수 없으며, 자신보다 뛰어난 사람들을 발굴하고, 최고의 사람들(best people)과 함께 일하는 데서 승리를 얻을 수 있다는 교훈을 얻었다고 한다.

주위에 인재가 있으면 영입하여 그들과 함께 일을 만들어 가야 한다. 나보다 능력 있고, 실력 있는 사람을 옆에 두려고 하라, 대부분의 사람들은 나보다 실력 있는 사람을 옆에 두기를 두려워한다. 나의 권위, 위치를 넘보는 사람으로 인식하기 때문이다. 그러나 그렇지 않다. 능력 있는 사람을 밑에 두어야 지도자가 더 빛을 발할 수 있는 것이다. 가끔씩 종교단체 즉 교회를 보면서 안타까워 할 때도 있다. 모 교회의 담임 목사는 능력 있는 부목사 두기를 꺼려 한다. 왜냐하면 교인을 선동하여 데리고 나갈 것을 두려워하는 것이다. 이러한 사상을 가진 사람들의 과거 전력을 보면 대부분 그런 경험을 하였고, 그것으로 인하여 상처를 많이 받은 사람들이었다. 그렇다 보니 능력 있는 부목사, 전도사가 오면 오래 데리고 있지 않고 꼬투리를 잡거나 힘들게 하여 내보내는 것이다. 훌륭한 지도자란 누구인가? 그의 주위에 능력 있고 실력 있는 사람들이 많은 사람이 훌륭한 지도자임을 명심하여야 한다.

우리는 행정가가 아니라 CEO로서 지도자가 되어야 한다. 확고한 지도성을 갖고 경영에 임해야 한다.

마틴 루터킹의 영감(inspiration)은 명확하고 깨끗한 도덕적 비전(clear moral vision)은 전문가로서의 평생에 있어서 깊음과 피상적인 것(depth & superficiality), 중요한 것은 사소한 것(the important & the trivial)의 차이를 알게 한다.

영감과 정열(inspiration & passion), 맑고 깨끗한 영혼과 정신, 그리고 인내와 파트너십(persistence & partnership)은 리더에게 요구되는 일종의 덕목이라고 할 수 있을 것이다.

편법과 권모술수는 잠시 동안 승리한 듯하나 결국에는 패망의 선봉임을 알아야 한다.

미래사회는 정보화라는 얼굴 이외에도 국제화, 지역화, 다원화, 개방화, 인간화 등의 여러 가지 얼굴로 다가오고 있다. 이러한 상황에서 조직의 전체적인 체제는 단순히 정보사회적인 변화에 대응하는 체제로서만 안주할 수만은 없을 것이다. 이와 같은 다양한 특성의 사회에 인간을 적응시킬 수 있는 프로그램을 창출하고 실천해 나가는 CEO로서 지도성을 갖춘 지도자가 21세기에 요청된다.

지도자는 만능인이기에 앞서 먼저 생각하고 인내하고, 이해하고, 살리는 자라야 한다. 남을 억압하고 교묘한 권모술수로 남을 업신여기며, 괴롭히는 사람이 아니라 사람들에게 꿈과 비전을 심어 줄 수 있는 온유한 자라야 할 것이다. 지혜가 충만하며 온유하며 덕성이 구비된 사람이 진정한 지도자인 것이다.

인간을 인간답게 생각하며 힘들고 어려운 사람을 보듬고, 낙심하는 사람에게 소망을 심어주는 사람이어야 할 것이다.

지도자는 모범이 되는 사람이다. 다른 사람을 생각하며 주위사람들에게 긍정적인 영향을 미치는 사람이어야 한다. 그리고 가치관이 올바르게 된 사람이어야 한다. 여기에서 가치관이라 하면 객관성을 가진 사람이어야 한다는 것이다. 자기주장이 지나치게 강한 사람은 지도자의 자질이 떨어진다고 본다. 앞에서도 언급했듯이 인간적인 사람이 되어야 한다.

Ⅲ

CEO가 알아야 할 인간관계

1. 성공자와 벤치마킹

성공자는 다른 사람을 통하여 배우고 다른 사람의 장점을 벤치마킹하는 사람들이다. 그러므로 만남에 의해서 인생이 달라지게 된다. 만남을 소중히 하여야 하며 좋은 만남을 가져야 한다. 만남이 없으면 인생의 문은 열리지 않는다.

그러면 어떻게 하면 인생의 좋은 만남을 만들어 가고 성공할 수 있을 것인가? 우리는 만남에 있어서 몇 가지 원칙이 있다는 것을 생각해야 한다. 우리는 만남을 쉽게 생각해서는 안 된다. 너무 쉽게 만나면 헤어짐도 쉽게 이루어진다. 그러므로 요즈음 젊은이들은 너무 쉽게 만나고 너무 쉽게 헤어진다.

쉽게 만나게 되면 만남을 가볍게 생각하게 된다. 당신의 인생을 완전히 바꾸어 놓는 만남이라도 쉽게 만나게 되면 아무런 가치도 모르게 된다.

누군가를 만나고 싶어서 몸부림치고 간절한 소망으로 만나야만 그 만남이 소중하게 된다는 것이다. 중요한 것은 만남의 순간이 아니라 만나기 이전과 만난 이후의 변화된 삶인 것이다.

만남에 대한 지나친 버블은 문제가 된다. 작은 만남이라도 소중히 여기고 그 만남을 더 큰 만남으로 승화시키는 것이 좋다. 작은 만남이라고 생각되지만 그것이 인생의 큰 전환점이 될 수 있다. 사람들은 그것을 제대로 이해하지 못한다. 무조건 큰 만남만을 생각한다.

자그마한 만남을 내버리게 되면 진정한 큰 만남을 이루지 못하게 된다. 특히 지도자는 만남을 소중히 할 줄 알아야 한다.

이 세상에는 자신이 손만 내밀면 큰 만남이 기다리는 것은 아니다. 63빌딩이 제대로 서 있기 위해서는 밑에 있는 작은 벽돌 하나가 중요한 것이다. 작은 벽돌을 우습게 여기면 63빌딩이 무너져 내리게 된다.

지금까지 만난 모든 사람들 때문에 당신이 제대로 서 있을 수 있는 것이란 사실을 잊어서는 안 된다.

성공자는 다른 사람의 장점을 받아들여 나의 것으로 만드는 사람이다. 나의 스승은 누구였는가? 나를 이끌어주던 선배는 누구였는가? 나를 키워준 사람은 누구였는가? 항상 주위사람을 살펴야 한다. 그리고 그들 가운데서 겪었던 장점을 되살려 나의 인생의 지표로 삼고 미래를 이끌어 가야 한다.

이것이 벤치마킹적인 성공학인 것이다. 삶은 언제나 남과 비교하며 산다. 그리고 나의 부족한 면들을 다른 사람들의 장점을 본받고 닮아가려고 노력하면서 발전되는 것이다.

당신을 인정해주는 사람, 전적으로 당신을 신뢰하는 사람을 만나라. 그리고 그런 사람을 당신도 믿고 따르며 닮아가려고 하라. 그러다 보면 당신은 반드시 지도자가 될 것이며 진정한 승리자가 될 것이다.

그리고 당신을 과대평가하는 사람만 만나서도 안 된다. 당신을 비판하고, 조언해주는 사람을 만나야 한다. 그것으로 인하여 많은 생각과 고뇌를 하게 될 것이고 이로 인하여 자아발전이 이루어지는 계기가 될 것이기 때문이다. 당신을 넘어뜨리고 떨어뜨리는 사람을 만남으로 인하여 넘어지지 않으려고 당신은 발버둥 칠 테니까. 당신의 장점을 칭찬하는 사람만을 만나지는 말라. 장점보다는 단점을 집어주고, 부족한 면을 지적해주는 그런 사람을 한 명쯤은 만들어 두라. 아무도 발견하지 못하는 단점을 예리하게 지적해 줌으로써 당신이 바로 설 수 있는 힘이 되기 때문이다.

우리의 삶은 만남의 연속이다. 만남을 통해서 살아가며 만남이 끝나는 날 죽음으로 가는 것이다. 항상 현실의 지금 만나고 있음에 최선을 다하라. 항상 멋진 자신이 되도록 노력하고, 남들 보기에 보기 좋으며, 남들이 상처 입지 않도록 조심히 말하며 행동하는 삶을 살아가라. 그것이 지도자이다.

유능한 세일즈맨이 되라. 지도자는 자기의 명예와 위상, 권위를 파는 사람이다. 다른 사람이 감동하여 그 명성을 사고, 그 권력과 권위를 사는 것이다. 대충대충 삶을 살아간다면 그는 성공하지 못한다. 유능한 세일즈맨은 일단 목표가 정해지면 자신의 발톱을 쉽사리 드러내지 않고 사람들의 약한 마음을 움직이고 감동을 주며 자기 방식으로 리드를 해 간다. 유능한 지도자는 리드할 줄 아는 사람이어야 한다. 유능한 지도자는 남의 마음을 사는 사람이며 나의 마음을 파는 사람과도 같기에 세일즈맨이라는 것이다.

누구나 팔기 어렵다고 포기하는 것도 도전해 보자.

2. 모든 것을 흡입하는 지도자

꽃꽂이에 쓰이는 스펀지 이름이 오아시스다. 이 오아시스는 물을 빨아들였다가 꽃이 필요할 때 조금씩 꽃에게 나누어 준다. 그러므로 꽃이 시들지 않고 꽃을 활짝 피울 수가 있는 것이다.

오아시스는 흡입력이 있기에 유용하게 쓰이는 것이다.

지도자도 마찬가지이다. 다른 사람들의 고통, 어려움, 갈등, 비전, 희망 등을 흡입하여 적당히 배분하고 필요한 곳에 분산시켜 줄 수 있어야 한다. 당신 주위에 있는 장점을 흡입하여 모아 두었다가 필요할 때 나누어 주라.

흡입하려면 어떻게 하여야 할까? 사람 곁으로 다가가야 한다. 사람과 이질감이 되거나, 저 사람은 지도자니까 '우리와는 달라'라고 하면 절대로 그들의 향기를 흡입할 수 없다. 공부 잘하는 사람의 특징은 선생님과 교수가 가르치는 것을 흡수 잘하는 학생인 것이다.

흡수하여 자기가 필요할 때 활용하는 사람인 것이다. 회사생활을 잘하는 사람은 어떤 사람이냐 하면 사람들 속에서 서로 자연스럽게 교류하고 그들이 공유하는 것을 흡입하여 함께 나누는 사람이다. 조직에 적응 잘하는 사람도 마찬가지이다. 그 전통과 분위기를 흡입하였다가 내보내는 사람이다. 그런 사람은 인생을 긍정적으로 사는 사람이 많다. 흡입하려면 우선 그것에 동화되어야 하기 때문이다.

세상을 부정적으로 보면 세상은 배울 것이 없고 나와 멀어지는 세상뿐이다. 나와는 체질에 안 맞는 것이고 재수가 없는 존재가 되고 말 것이다. 즉 빨간 안경을 끼고 세상을 바라보면 세상은 모두 빨갛게 보이고, 파란 안경을 끼고 세상을 바라보면 세상은 파랗게 보이는 것이 된다. 세상이 살 만한데도 세상이 나만 못살게 굴고 있다고 생각하며 부정적으로 살아가게 된다. 자기 자신의 탓으로 돌리기보다는 모든 것을 남의 탓과 조직탓, 사회탓, 국가탓으로 돌리게 되는 것이다. 이런 사람들이 모여서 사회 구성원이 되고, 지도자가 된다면 매사에 부정적인 면으로 돌리고 급진적인 행동을 하게 되는 것이다.

세상을 삐딱하게 바라보는 사람의 눈에는 무엇이든지 비스듬하게 보이는 것이다. 모든 것이 전부 의혹덩어리로 보일 것이다. 그런 사람은 신문도 믿지 못하고, 언론도, 텔레비전도 믿지 못한다. 모두 다 거짓말하는 걸로 보이는 것이다. 자기 자신이 거짓된 사람은 그것이 더욱 확고해져서 모든 사람이 사기꾼과 거짓말하는 사람으로 보일 것이다. 이런 사람의 특징은 자기만 옳다고 주장하기 쉽다. 다른 사람과 잘 타협을 하지 못한다. 내 경험으로 보건대, 내 생각으로 보건대, 라는 말로 모든 것을 자기중심으로 보게 된다. 이러다 보니 세상에 대한 모든 것이 경멸과 환멸로 비춰지는 것이다.

세상이 날 받아주지 않는다는 것을 비난하거나 돌팔매해서는 안된다. 세상은 세상으로서 역할과 책임을 하는 것이다.

자기가 살고 있는 가정을 사랑하여야 한다.

자기가 살고 있는 사회를 사랑하여야 한다.

자기가 살고 있는 국가를 사랑하여야 한다.

현실을 어떻게 보느냐, 미래를 어떻게 보느냐, 자기 자신을 어떻게 보느냐, 사회를 어떻게 보느냐, 국가를 어떻게 보느냐가 성공과 실패를 만들어 내는 것이다.

그리고 객관적인 시각을 가져야 한다. 객관적이라 함은 한발 뒤에서 바라보라는 것이다. 그 안에 있을 때에는 분별을 못한다는 것이다. 사실 객관도 주간이 모여 객관이 된 것이지만……

화장실을 처음 들어가면 냄새가 나고 지저분해서 코를 막는다. 그러나 시간이 지날수록 냄새를 못 맡고 그 안에서 아무런 생각 없이 주머니에서 과자를 꺼내서 먹거나 빵을 꺼내서 먹기도 한다. 그 향기에 취해서 분별력이 없다는 것이다.

우리는 인생을 살아가면서 분별력이 있기 위해서는 객관적일 필요가 있다. 자기의 판단대로 인생을 살 것이 아니라 다른 사람의 눈에 비치는 나의 삶을 바라보라는 것이다. 그리고 항상 "왜"라는 물음을 통하여 대답을 찾아가야 한다. 그 왜는 자기 자신에 대한 왜도 필요한 것이다. 고정관념에 사로잡혀 있지 말고 상식을 파괴하는 신선함으로 삶을 살아야 한다.

· 저자 ·

한만봉
韓萬奉

•약 력•

1994. U.S.A. Midwest University (M.Div 교역학석사)
2002. 고려대학교 (교육정책학 석사 – 수석장학생)
2005. 성균관대학교 대학원 박사Cand (교육행정학 전공)

1991. 한국세무신문사 전문취재부 기자
1995. 한국어린이선교원신학교 캠퍼스 분교장
2002. 고려교육정책학회 상임회장(학진 학회검색가능)
2002. 몬테쏘리학회 상임회장(학진 학회검색가능)
2002. 고구려대학교 설립추진위원회 법인이사
2003. 한주신학 학술원 설립이사(신학원 교수)
2003. U.S.A. Glenford University 교육학과 교수역임
2004. U.S.A. Cohen University 정책학과 외래교수
2004. 한국복지상담학술재단 이사 겸 홍보처장
2005. U.S.A Holy People University Campus 유학담당 지도교수
2005. PHILIPPINE PRESBYTERIAN THEOLOGICAL COLLEGE 객원교수
2005. 혜전대학 adjunct professor역임
2008. 혜전대학 행정전산과 초빙교수
2008. 지방분권신문사 사장 (대표 이사)

•주요논저•

우리나라의 복지행정제도에 관한 고찰 연구(1988)
Kal Barth의 신관 연구(1988)
한국 민중문화와 민중 신학 연구(1992)
Rein hold Niebuhr & Marx에 대한 상관관계 연구(1993)
A CHRONOLOGICAL HARMONY OF THE RESURRECTION
APPEARANCES OF JESUS THE MESSIAH(1994)
북한종교의 변화 전망 연구(2002)
교육위원회와 지방의회 간의 갈등 현상에 관한 연구(2001)
조선조 과거시험 방식의 정책적 분석(공동, 2005)
조선의 과거제도에 대한 정책적 연구(공동, 2005)
조선왕조 과거제도 인사정책 연구(공동, 2005)
조선왕조 과거시험주기 정책적 주장 분석연구(공동, 2005)
조선왕조 과거제도가 현대 정책에 주는 의미(공동, 2005)
과거제도 시험주기의 정책 분석연구(공동, 2005)
북한 종교지형 변천 정책 분석연구(공동, 2005)

『저서』
『대학생활영어 ENGLISH LANGUAGE』(공저)
『행정경제교육』(저술)
『행정정책기획론』(저술)
『의원학』(저술)
『국회의원학』(저술)
『교육정책학 상』(저술)
『교육정책학 하』(저술)
『산학협동교육학』(저술)
『현대교육학실기론』(저술)
『현대환경행정론』(공저)
『행정사무관리론』(공저)
『영재교육심리』(저술)
『인사행정학』(저술)
『행정복지론』(저술)
『조직신학』(공저)
『아다르마 성공비법』(저술)
『동양환경행정』(저술)
『교육학과 비서행정』(저술)
『7만교인 교육론』(저술)
『지방자치발전론』(저술)
외 다수

•연락처•
doctor@skku.edu   010-4432-8561   041-633-8561, 633-5741, 631-2094

이필호
李弼鎬

•약 력•
건국대학교 행정학과(행정학사)
건국대학교 행정대학원(행정학석사)
선문대학교 일반대학원 행정학과(박사과정수료)
국토연구원 토지·주택연구실 연구원 역임
한국지방공기업학회 간사 역임
현 선문대학교 21세기지역발전연구소 연구원
현 대진대학교, 선문대학교, 혜전대학 강사

•주요논저•
율곡의 행정개혁사상에 관한 연구
용인시 서북부지역 종합계획수립연구(공동)
토공과 주공의 통합방안 연구(공동)
대전광역시 새주소 부여체계에 관한 연구(공동)
고속도로접도구역 지정범위조정 및 매수 청구제도(공동)

CEO 지도자론

• 초판 인쇄	2008년 7월 15일
• 초판 발행	2008년 7월 15일
• 지 은 이	한만봉 · 이필호
• 펴 낸 이	채종준
• 펴 낸 곳	한국학술정보㈜
	경기도 파주시 교하읍 문발리 513-5
	파주출판문화정보산업단지
	전화 031) 908-3181(대표) · 팩스 031) 908-3189
	홈페이지 http://www.kstudy.com
	e-mail(출판사업부) publish@kstudy.com
• 등 록	제일산-115호(2000. 6. 19)
• 가 격	8,000원

ISBN 978-89-534-9689-7 93320 (Paper Book)
      978-89-534-9690-3 98320 (e-Book)